U0494549

A Series
of Exhibitions
of Chinese Civilizations
中华文明系列展

# 陇原玫瑰
## 甘肃彩陶文化

湖南博物院　甘肃省博物馆◎编著

湖南人民出版社·长沙

## 陇原玫瑰——甘肃彩陶文化展

**主办单位**：湖南博物院　甘肃省博物馆
**协办单位**：兰州市博物馆　临夏市博物馆　会宁县博物馆　漳县博物馆　天水市麦积区博物馆

**展览筹备委员会主任**：段晓明　贾建威
**展览筹备委员会副主任**：李丽辉　班　睿
**展览筹备委员会委员**：郭学仁　陈叙良　张晓娅　李　莉　陈　滨　金　樊　李周明　韩　珺
　　　　　　　　　　　马可房　黄伟民　张宏翔

---

**策划**：喻燕姣　王南南　白　雪
**策展人**：陈　锐
**项目负责人**：喻燕姣
**内容方案撰写**：陈　锐　许宁宁　陈华丽　刘　波　王　卉　申国辉　王　帅　任亭燕　欧阳小红
　　　　　　　　王南南　白　雪　尤　静　王孟元　郑　炜
**内容方案统稿、校改**：喻燕姣　陈　锐
**图片摄影**：刘　琦

---

**展览图文校核**：陈华丽　李明洁
**展品组织**：王南南　白　雪　王　勇　郑　炜　王　博　朱艳艳　王天右　黄伟民　杨金梅
**艺术设计**：吴　倩　潘　勇　王璃璱　刘旻婕
**展品保护**：董鲜艳　陈麓华　郭子懿　周　游　蔺朝颖
**展览宣传**：吴　镝　欧　蓉　李　叶　马金灿　贺靖婷
**数字展示和新媒体宣传**：何　也　许　蒙　金　明　毕　枫　黄　桢　孙玲玲　曾明辉　李　娟
　　　　　　　　　　　　彭　莎　徐天竹
**展品点交与监管**：刘　丰　石小为　李　燕
**展览备案**：黄　磊　刘仁玉　张　锋　段　炼　申国辉
**展览制作管理**：陈　峰　侯立男　谢　涛　景子平　易　盛　黄　琴　李　欢　郭　成

---

**教育活动**：李茜子　胡伟矗　王　鑫　赵晓雪　文　闻　夏叶晗　苏嘉仪　曹钱越
**开放管理**：王晓曦　刘　薇　蒋　玮　唐君丽　尹怡明　李　洋　曹婷婷　刘　浏　蒋晓凤
　　　　　　杨　宇　邓颐欢
**安全管理**：刘赫子　刘长武　黄锋华　吴世响　吴　璜
**文创管理**：张　煦　张　琳　张　明
**行政保障**：唐　微　廖　丹　刘　亮　赵化锋　何　力　吴彦波　黄志华　张　欢　张　斌
　　　　　　易　佩　梅　勇　张郭宁　邓　晖　毕　然
**展览制作**：湖南拓立昇装饰工程有限公司

## 《陇原玫瑰——甘肃彩陶文化》图录编委会

**编委会主任：**
段晓明　贾建威

**编委会副主任：**
李丽辉　班　睿

**编委会成员：**
郭学仁　陈叙良　张晓娅　李　莉　陈　滨
金　樊　王南南　白　雪　李周明　韩　珺
马可房　黄伟民　张宏翔

**主　编：** 喻燕姣

**副主编：** 陈　锐

**文物拍照：** 刘　琦

**图版设计：** 杨发凯　王语瑶　彭尔博

**校　对：** 邹　婧　彭诗琦　贺鸣萱　黄晨曦

# 目录
CONTENTS
......

## 致　辞 ... 1

　　致辞一 ... 2
　　致辞二 ... 4

## 图　录 ... 001

　　前　言 ... 003

　　第一单元　鸟与花叶　众生有灵 ... 015
　　　　01　飞鸟 ... 016
　　　　02　花叶 ... 039

　　第二单元　水与游鱼　善利万物 ... 051
　　　　01　水的形态 ... 052
　　　　02　水中生灵 ... 127

　　第三单元　人与自然　天人合一 ... 145
　　　　01　抽象的融合 ... 146
　　　　02　原始的信仰 ... 190

　　结　语 ... 223

## 研究与探索 ... 225

　　灼灼其华五千年——关于"陇原玫瑰——甘肃彩陶
　　　　文化展"的策划与思考／陈锐、喻燕姣 ... 226
　　甘肃马家窑文化彩陶常见纹饰及演变／贾建威 ... 244
　　甘肃彩陶鲵鱼纹刍议／申国辉 ... 253

## 后　记 ... 261

# 致辞

# 致辞一

  甘肃彩陶是中华文明形成的重要标识物，在世界文明史中占有不可替代的地位。我国境内发现的大地湾文化，距今约8000年，出现了大量的新石器时代彩陶，是我国发现最早含有彩陶的文化之一，之后经仰韶文化、马家窑文化和齐家文化、四坝文化、辛店文化、沙井文化等，一直延续了5000多年，形成了一部完整的彩陶发展史，也构成了新石器时代社会发展的完整序列。甘肃彩陶以数量巨大、类型众多、器形丰富、纹饰精美、工艺精湛著称于世，不仅成为古代彩陶艺术宝库中璀璨夺目的瑰宝，还是中华文明序章中最重要的组成部分。马家窑文化最为著名的文化特征就是其数量众多、纹饰多样的彩陶，这些彩陶代表了中国彩陶艺术灿烂辉煌的成就，甘肃也因此有了"彩陶之乡"的美誉。1924年，瑞典地质学家安特生首次发现甘肃彩陶，赞誉其"精美绝伦，可为欧亚新石器时代末叶陶器之冠"。正因为马家窑文化遗址多分布在黄河上游及其支流的两岸，故而在彩陶图案上有大量作品反映出了黄河奔流不息、涡深流急、波涛汹涌的气势。马家窑文化的彩陶，达到了彩陶艺术的巅峰，集中反映出黄河流域古代先民的生活智慧和审美追求。

  黄河流域先民在生产生活中不断感受美、总结美、积极传达美，特别是当自然存在物可以提供优质生活资源时，人们便赋之以喜爱的感情，对其进行具象或抽象的艺术表达，并在长期的创作过程中发现美的规律和法则。先民将其眼中的美，艺术化地绘制在陶器上，将其不断积累的生活经验，创造性地凝结在器形上。因此，彩陶纹饰和器形既折射出人类对当时赖以生存的自然的认识与接纳，也表现出对自然界的敬畏与崇敬。从彩陶纹饰演变的过程，也可以看出西北地区长期以来的气候变化。

习近平总书记指出："中华文明自古就以开放包容闻名于世，在同其他文明的交流互鉴中不断焕发新的生命力。"甘肃因其独特的地理位置，一直是连接古代东西方世界文明的枢纽。

甘肃境内不仅是早期人类繁衍生息的重要区域，也曾是一些民族转移迁徙的通道，后来又是各类古文化发展和众多民族活动、交往、融会、定居的舞台，出土的彩陶权杖头便是最早反映东西文化交流的实物证据。甘肃还是农耕、游牧、骑猎三大文化圈的交织地带，不同经济形态的碰撞和渗透，使社会文化洋溢着地域性特色。

凭借甘肃丰厚的文化底蕴和陇原大地留下的大量珍贵文化遗存，甘肃省博物馆收藏了甘肃地区出土的各时期彩陶精品6000余件。在对彩陶进行深入研究的基础上，我们以让文物"活"起来为目标，整合全省彩陶文物资源，联合湖南博物院举办"陇原玫瑰——甘肃彩陶文化展"，将200余件甘肃地区出土的新石器时代彩陶精品集中展示给湖南观众，为大家呈现黄河文明初期远古先民与自然的和谐共生，讲述中华文明曙光冉冉升起时的绚烂辉煌。诚邀大家走进展厅，在彩陶世界中开启一段穿越时空的美妙旅行！

甘肃省博物馆馆长　贾建威
2023年12月

# 致辞二

有人说，"读懂中国，必须先读懂中国的传统文化；读懂中国传统文化，必须先触摸中国的彩陶"。距今八九千年，我国钱塘江和渭河流域的先民烧制出了第一批彩陶。此后，彩陶广泛出现于黄河、辽河、长江等流域的各新石器时代文化中，而黄河上游甘肃地区彩陶技艺最为发达，形成了独具特色的彩陶文化。

甘肃地区的远古先民以植物、动物、河流等自然物象以及人类本身为题材，通过点、线、面的表现方式，因形施彩，创作出了几何纹、漩涡纹、植物纹、动物纹和舞蹈纹、神人纹等具有丰富装饰效果的图案。优美的造型、缤纷的色彩、绚丽的构图融会一体，既反映了当时人们的社会生活、信仰文化和审美情趣，也见证了中国早期艺术的瑰丽多彩。"近取诸身，远取诸物"，甘肃彩陶作为原始的早期艺术无法做到如后世一般繁华多姿，但却是时人能创造出的最质朴、最真诚的美。从彩陶的纹饰中，我们能窥见甘肃地区先民对自然的认识与对生活的追求祈盼。

我国是一个统一的多民族国家，各民族共同创造了悠久的中国历史、灿烂的中华文化。习近平总书记指出："我国历史演进的这个特点，造就了我国各民族在分布上的交错杂居、文化上的兼收并蓄、经济上的相互依存、情感上的相互亲近，形成了你中有我、我中有你，谁也离不开谁的多元一体格局。"甘肃彩陶是中国装饰艺术的源头，创造了远古时代彩陶艺术的辉煌，其绚丽多彩、质朴明快、豪放灵活的特点在中国艺术史上留下了浓墨重彩的一笔。同时也为中国远古文化的形成奠定了坚实的基础，为中国多元一体文明的产生作出了卓越贡献。

此次，湖南博物院联合甘肃省博物馆、兰州市博物馆、临夏市博物馆、会宁县博物馆、漳县博物馆和天水市麦积区博物馆6家博物馆，共同举办的"陇原玫瑰——甘肃彩陶文化展"，共展出210件精美的新石器时代彩陶，内容涉及文化背景、彩陶制作、自然物象、生产生活、审美观念等各类主题，其中不乏精品，有些彩陶还是第一次面向公众展出，堪称黄河中上游新石器时代彩陶精品荟萃，充分展示了黄河流域新石器时代文明的沉厚、悠久、辉煌与灿烂。我相信，"陇原玫瑰——甘肃彩陶文化展"一定是一场独具匠心的文化盛宴，必将给观众留下深刻而美好的记忆。

湖南博物院党委书记、院长 段晓明
2023年12月

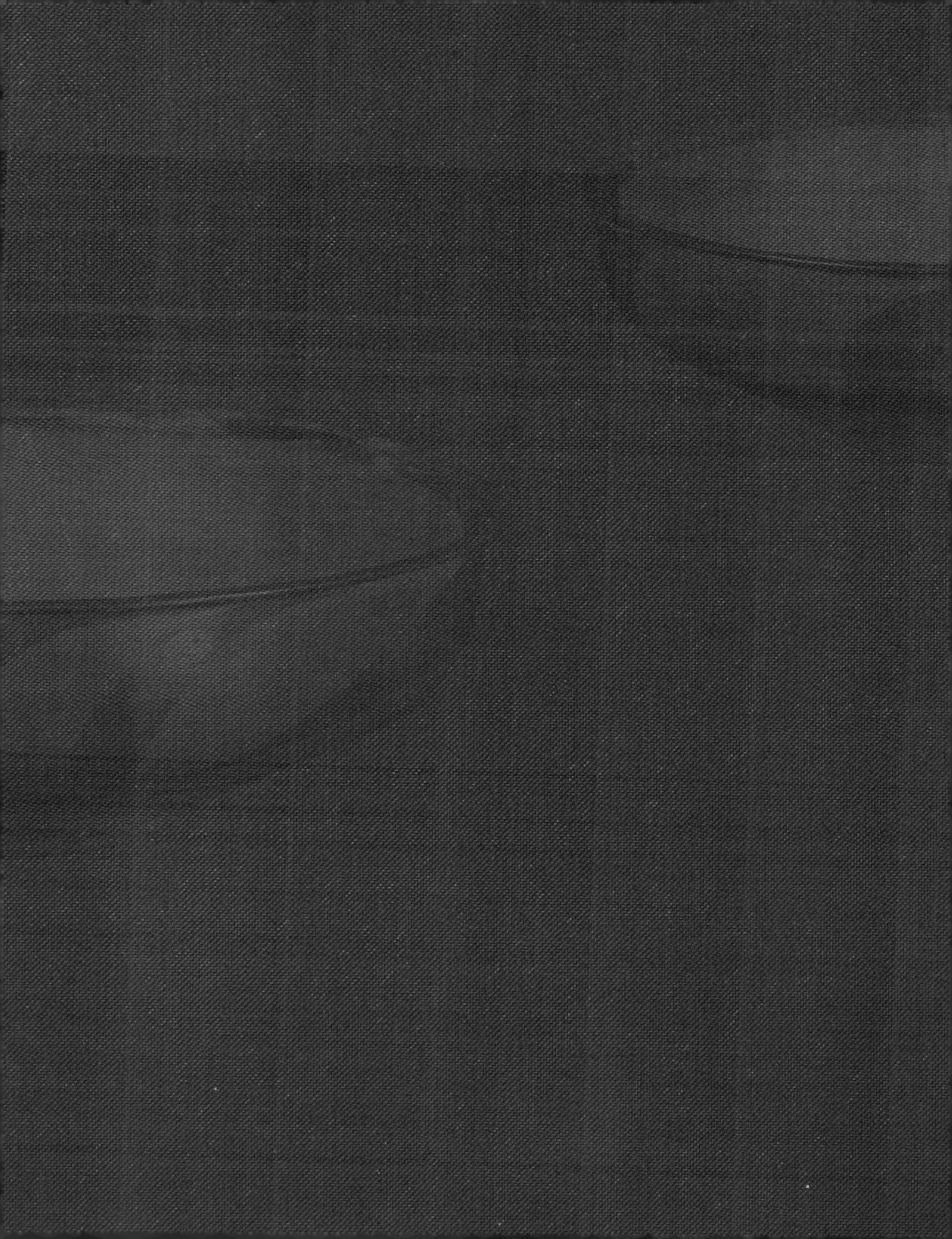

图 录

序厅效果图

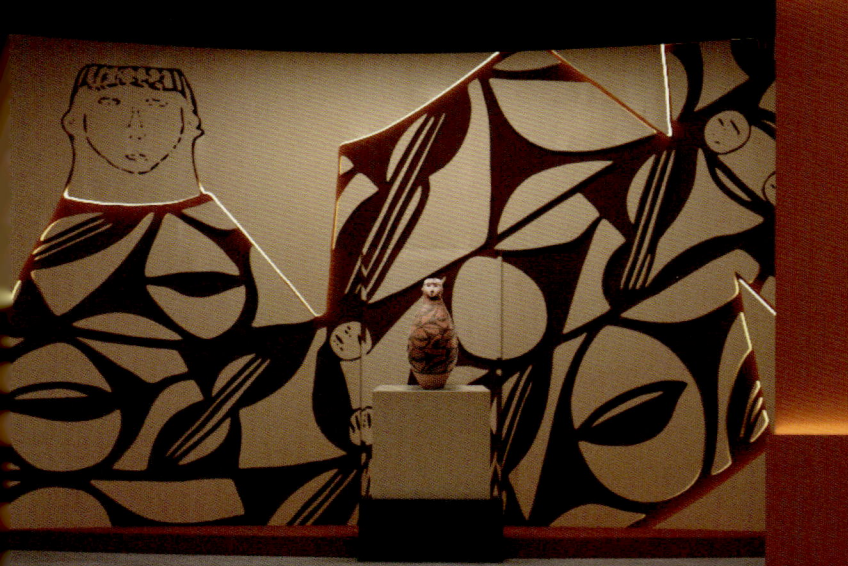

# 前言

"读懂中国，必须先读懂中国的传统文化；读懂中国传统文化，必须先触摸中国的彩陶。"在祖国西北陇原大地，黄河自西而东，奔流穿梭。七八千年以前，先民拿着蘸满朱红颜料的笔刷，在陶钵的口沿随性一抹，也只需这一抹靓丽的国色，甘肃彩陶自此犹如朵朵玫瑰绽放于陇地山河，中华文明就此涂上了瑰丽的底色。

"近取诸身，远取诸物"，陇地先民以自然为本，选取大自然中的植物、动物、河流等自然物象为创作源泉，通过点、线、面的表现方式，在陶器上创作出了植物纹、动物纹、漩涡纹、几何纹等极具灵动韵味的纹饰；又结合人类本身，创作了舞蹈纹、神人纹等富有思想内涵的图案。那一抹抹张扬而大胆的红与黑，绘日月星辰，绘生灵万物，绘所见所思，由描物之形，至尽物之性，稚拙的笔触从直线到曲线，从象形到几何，从写实到表意，是为中华大美之起源。

甘肃彩陶是中国装饰艺术的源头，其绚丽多彩、质朴明快、豪放灵动的特点在中国艺术史上留下了浓墨重彩的一笔。此次，湖南博物院和甘肃省博物馆等联袂策划"陇原玫瑰——甘肃彩陶文化展"，特别遴选了来自甘肃省的200余件新石器时代彩陶精品，囊括了从大地湾文化时期到沙井文化时期跨越5000年的代表性器物，通过解读彩陶上的各类纹饰，展示先民审美情趣的变迁和知识观念的进步，诠释人类与自然环境的关系，进而探析早期信仰的初始面目与抽象化的象征符号的形成过程，旨在追寻华夏民族的童年记忆，为中国故事的继往开来提供来自文化基因的深层驱动力。

花开花落，流水悠长，彩陶绚丽，光芒万丈。

## 甘肃古代彩陶文化简表

| 甘肃古文化 | 年代 | 分布地区 |
| --- | --- | --- |
| 大地湾文化 | 约公元前6000—前5000年 | 甘肃东部，与陕西关中的前仰韶文化属于同一种考古学文化。 |
| 仰韶文化早期（半坡类型） | 约公元前5000—前4000年 | 甘肃东部，是仰韶文化半坡类型的一部分。半坡类型主要分布于陇东、关中、豫西和晋南。 |
| 仰韶文化中期（庙底沟类型） | 约公元前4000—前3500年 | 甘肃东部、中部、南部及青海东部，是仰韶文化庙底沟类型的一部分。庙底沟类型的分布范围较半坡类型有所扩展。 |
| 仰韶文化晚期（石岭下类型） | 约公元前3500—前3000年 | 甘肃中部、东部及东南部。其中石岭下类型已发展为甘肃的地方类型。 |
| 马家窑文化早期（马家窑类型） | 约公元前3000—前2700年 | 甘肃东部、中部及青海东北部。 |
| 马家窑文化中期（半山类型） | 约公元前2700—前2300年 | 甘肃中部、河西走廊东部、青海东部及宁夏南部。 |
| 马家窑文化晚期（马厂类型） | 约公元前2300—前2000年 | 从半山类型分布的地区扩展到河西走廊西部。 |
| 齐家文化 | 约公元前2200—前1700年 | 甘肃中东部、河西走廊、宁夏南部及青海东部。 |
| 四坝文化 | 约公元前1900—前1400年 | 甘肃河西走廊中西部，西至新疆东部。 |
| 寺洼文化 | 约公元前1400—前1100年 | 兰州以东的甘肃省境内，并扩及陕西千河、泾水流域。 |
| 辛店文化 | 约公元前1400—前800年 | 甘肃中部和青海东部。 |

续表

| 甘肃古文化 | 年代 | 分布地区 |
|---|---|---|
| 卡约文化 | 约公元前900—前600年 | 青海东部地区，东起甘肃和青海交界处的黄河沿岸，西至海南藏族自治州的西部地区，北入海北藏族自治州，南达黄南藏族自治州。 |
| 沙井文化 | 约公元前1000—前500年 | 甘肃河西走廊东部。 |

  甘肃省简称"甘"或"陇"，位于我国西北地区，东接陕西，西达新疆，南望四川、青海，北临宁夏、内蒙古，西北端与蒙古国接壤。甘肃地形呈狭长状，地貌复杂多样，山地、高原、平川、河谷、沙漠、戈壁皆有，四周为群山峻岭所环抱。这里是中国彩陶最早发源地之一，开启了我国彩陶独立起源、自成体系的发展之路。甘肃彩陶起源早、延续时间长、分布面积广、出土数量多，地域特色鲜明。从空间上看，彩陶遍布陇原大地各个角落，呈现出由东南向西北推进的趋势；从时间上看，跨度约5000年，形成了自己独立的发展脉络，对大西北乃至新疆地区彩陶的发展有着重要的影响。甘肃彩陶是我国彩陶文化重要的组成部分，对我国彩陶艺术的发展作出了突出的贡献。

  我国彩陶起源于新石器时代，甘肃彩陶源于距今约8000年的大地湾文化，经仰韶文化、马家窑文化，到齐家文化、沙井文化，延续了5000多年，构成了一部辉煌灿烂的彩陶发展史。其中马家窑文化达到了彩陶艺术的巅峰，是中国原始艺术中最绚丽多彩的一部分，被誉为"新石器时代彩陶之冠"。马家窑文化彩陶艺术沿着河西走廊逐渐向西延展，像强有力的臂膀把中原地区的文化和西北游牧地区的文化连接、汇合在一起。华夏文明进入青铜时代，陶器的重要性被青铜器所代替，彩陶发展逐渐衰退。

## 宽带纹三足彩陶钵

　　大地湾陶钵分圆底钵和三足钵两种类型。这件宽带纹三足彩陶钵为夹细砂红陶，敞口，圆腹，圆底附三足。口沿外绘红色宽带纹，内绘一圈红色窄线纹，下腹饰交错绳纹。甘肃秦安县大地湾遗址出土，距今已7000多年。三足彩陶钵是大地湾文化的典型陶器，兼有食器和炊器功能，完美地展现了先民高超的审美品味和制作技艺。大地湾文化彩陶是中国迄今已知最早的彩陶之一，大地湾文化也是世界上最早出现彩陶的古文化之一。

大地湾文化（约公元前6000—前5000年）
高12厘米，口径27.3厘米
甘肃省博物馆藏

## 刻画"フ"符号宽带纹彩陶钵

这件刻画"フ"符号宽带纹彩陶钵为细泥红陶，微敛口，浅圆腹，圆底，口沿外绘一圈黑色宽带纹，宽带上刻有"フ"符号。仰韶文化半坡类型彩陶出现了一些刻画符号，有"フ""↑""‖""+""×"等14种。研究者认为，这些特殊符号应属指事符号，其含义至今未能破解，是研究中国古文字起源珍贵的实物资料。

仰韶文化（半坡类型，约公元前5000—前4000年）
高8.1厘米，口径23厘米
甘肃省博物馆藏

## 宽带纹彩陶钵

　　这件宽带纹彩陶钵为细泥红陶，微敛口，浅圆腹，圆底，口沿外绘一圈黑色宽带纹，是一件典型的仰韶文化半坡类型彩陶器。仰韶文化先民在河边阶地建立家园，开始从事农业，种植黍，定居聚落生活促进了彩陶的发展。仰韶文化早期遗址出土的彩陶器形较少，主要以生产、生活用具为主，其中钵形器出土最多，它们是早期先民的主要食具。

仰韶文化（半坡类型，约公元前5000—前4000年）
高10.2厘米，口径26.5厘米
甘肃省博物馆藏

## 陶拍（6件）

制陶工具。在陶器上使用拍打压印纹饰的方法在新石器时代就已出现。我国早期陶器均为手制，有泥条盘制、捏制和分段拼制等制法。以泥条盘筑法制成的陶器，器形一般较大而不十分规整，胎壁较厚。制造陶器时，工匠需用陶拍击打陶器的内、外壁以加强陶坯密度，使造型更规整，也使陶器外观清晰地留下陶拍印记。陶拍最早为素面，后出现不同纹样。长方形陶拍适合在较大器物上拍打，而弯柄形陶拍适合拍打有角度的部位。使用陶拍拍打不仅能弥合裂缝，还能使陶器致密牢固，同时留下美丽的纹饰。

### 陶拍

马家窑文化（马家窑类型，约公元前3000—前2700年）
长8厘米，宽5厘米
甘肃省博物馆藏

### 陶拍

马家窑文化（马厂类型，约公元前2300—前2000年）
高5.8厘米，直径8.2厘米
甘肃省博物馆藏

## 陶拍

马家窑文化（马厂类型，约公元前 2300—前 2000 年）
高 5 厘米，长 10.5 厘米，宽 7 厘米
甘肃省博物馆藏

## 红陶拍

齐家文化（约公元前 2200—前 1700 年）
高 4.3 厘米，直径 6.5 厘米
甘肃省博物馆藏

### 陶拍

齐家文化（约公元前 2200—前 1700 年）
高 5.5 厘米，长 7.4 厘米，宽 6.5 厘米
甘肃省博物馆藏

### 细泥红陶拍

齐家文化（约公元前 2200—前 1700 年）
长 7.5 厘米
兰州市博物馆藏

## 人头形器口彩陶瓶

这是一件极其珍贵、罕见的彩陶瓶。瓶口被塑造成女性人头像，她留着一头短发，刘海整齐服帖，双耳有穿系饰物的小孔，脸部五官端正，比例均匀恰当，造型准确生动，体现了早期先民高超的创作能力和艺术水准。瓶身用黑彩描绘抽象纹饰，黑色线条部分似简化的变体鸟纹，而留白部分则像绽放的花瓣，它们表现的可能是摹绘在衣服上的纹饰，也可能是早期先民文身习俗的反映。这件彩陶瓶是一件集彩绘、雕塑、造型于一体的新石器时代的杰出艺术品，是先民高超制陶技术的代表作，更是华夏先祖智慧的结晶。

人头形器口彩陶瓶纹饰展开线图

仰韶文化（庙底沟类型，约公元前 4000—前 3500 年）
高 32.3 厘米，口径 4 厘米，底径 6.8 厘米
甘肃省博物馆藏

前　言

## 鸟与花叶 众生有灵

一花，一叶，一飞鸟。这些彩陶钟情的纹饰，是先民创造出的质朴真诚的美，是当年当景的鲜活造影，是穿越千年传来的遥远回响。

新石器时代，黄河流域出现原始农业，先民开始了定居生活。在日常的生产和生活中，先民会留意身边最美的时刻：漫山遍野，春暖花开，天空辽阔，飞鸟翱翔。先民用彩画的形式将其描绘下来，在窑火的灼烧中将其定格成永恒。这既体现出先民对万物有灵的信仰，也反映了他们对美好生活的向往与追求。

展厅版面效果图

## 第一单元
# 鸟与花叶　众生有灵

一花，一叶，一飞鸟。这些彩陶钟情的纹饰，是先民创造出的质朴真诚的美，是当年当景的鲜活造影，是穿越千年传来的遥远回响。

新石器时代，黄河流域出现原始农业，先民开始了定居生活。在日常的生产和生活中，先民会留意身边最美的时刻：漫山遍野，春暖花开，天空辽阔，飞鸟翱翔。先民用彩画的形式将其描绘下来，在窑火的灼烧中将其定格成永恒。这既体现出先民对万物有灵的信仰，也反映了他们对美好生活的向往与追求。

## 01

## 飞鸟

  飞鸟翱翔于天际，日升而出，日暮归巢。候鸟依季节而动，春夏阳光和煦之际，栖于北方；秋冬雨雪霜寒之时，则徙于南方。先民在未有火时，食鸟兽之肉；未有麻丝，衣其羽皮。他们渴望能像天空中的鸟儿一样自由自在，遨游飞翔。先民或将飞鸟绘于彩陶之上，或将陶器制作成鸟的形体，这是在记录美好，是梦想照进现实的过程，也是在寄托向往、表达崇拜，更是留给子孙后代了解他们的密码。

## 马家窑文化鸟纹陶器（5件）

　　马家窑彩陶上所绘鸟纹最大的特点是飞鸟翅羽特别夸张，具有节奏韵律的旋转美，鸟纹有正面和侧面两大类。马家窑类型早期的正面鸟纹，多伸长脖颈，两翅展开，举翼而飞，如这组第一件展品彩陶壶上展翅飞翔的鸟纹。到马家窑类型中期，鸟纹的两翅反向旋转，鸟头和躯体渐而消失，只存旋转的翅羽，如本组第二件展品彩陶盆内所绘变体展翅鸟纹。马家窑类型早期的侧面鸟纹以圆点表示鸟头，后面连着一条直的和两条弯弧的竹叶形纹，分别表示鸟身和翅膀，如本组第三件展品彩陶壶肩部所绘急速飞行的鸟纹。马家窑类型中期的侧面鸟纹则更具旋动美感，代表鸟身和翅膀的竹叶形纹演变成弧线纹，且成对交融出现，如本组第四件展品彩陶瓶腹部所绘变体鸟纹。本组第五件展品彩陶勺充分体现了先民的巧思，勺内描绘飞翔的鸟儿，勺柄既是勺内飞鸟的长尾羽，又是另一只长颈鸟的头部和颈部，不得不叹服先民的超凡想象力和创新力。

### 变体鸟纹彩陶壶

马家窑文化（马家窑类型，约公元前3000—前2700年）
高30.2厘米，口径14.1厘米，底径14.3厘米
兰州市博物馆藏

## 变体鸟纹双耳彩陶罐

先民在绘制彩陶图案时,把鸟纹最主要的特征保留下来,并加以夸张表现,逐步演变成抽象的纹样。正如此件陶罐的纹样中已看不出具体的鸟的形象,但仍然可以使人意会到鸟在运动时特有的节奏和旋律。这反映了人类把对动物的认知进行概念化处理的过程,原始艺术由此变得深刻。

辛店文化(约公元前1400—前800年)
高8厘米,口径10.5厘米,底径4厘米
甘肃省博物馆藏

## 鸟纹鹿纹双耳彩陶罐

这件彩陶罐造型美观，侈口，束颈，略垂腹，颈部双耳，平底。绘彩部位施橘红色陶衣，用黑彩在腹部一面绘鸟纹，另一面绘鹿纹，生动写实，是研究我国绘画史的宝贵资料，也是卡约文化彩陶中的佳品。卡约文化彩陶器除了绘鸟纹、鹿纹外，还有羊纹、犬纹等常见动物纹，均为写实风格，是当时游牧民族生活的写照。

卡约文化（约公元前900—前600年）
高13.5厘米，口径8厘米
甘肃省博物馆藏

第一单元　鸟与花叶　众生有灵

## 鸟形壶（9件）

　　这组器物器形似一只鸟，以壶口为头，口部偏于前方。仰韶文化鸟形壶整体偏修长；马家窑文化鸟形壶颈部短粗，腹部饱满，颈部、腹部对称双耳代表鸟的双翼，尾部有一小錾来表示尾翼，器腹部绘以圆圈，内填菱格纹或网纹，圆圈以锯齿纹相间开。造型生动活泼，纹饰繁而不乱，显示出先民高超的制陶技术，也反映了先民的审美趣味，具有艺术与实用双重价值。

### 漩涡纹鸟形彩陶壶

仰韶文化（石岭下类型，约公元前 3500—前 3000 年）
高 17.5 厘米，口径 4 厘米，腹径 11.6 厘米，底径 6.6 厘米
天水市麦积区博物馆藏

## 网格纹鸟形彩陶壶

马家窑文化（半山类型，约公元前2700—前2300年）
高18厘米，口径6厘米，底径7.5厘米
甘肃省博物馆藏

## 漩涡纹鸟形彩陶壶

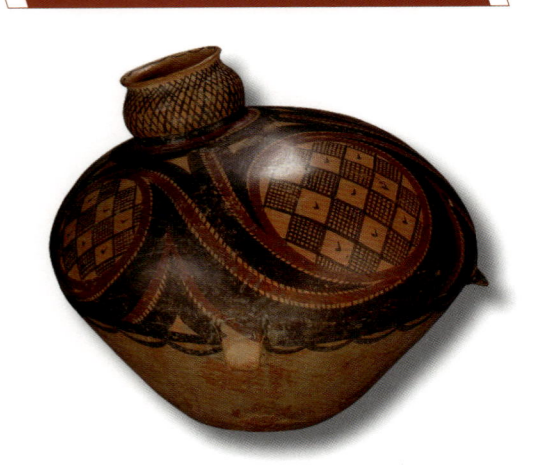

马家窑文化（半山类型，约公元前 2700—前 2300 年）
高 29 厘米，口径 8 厘米，底径 12.5 厘米
甘肃省博物馆藏

## 漩涡纹鸟形彩陶壶

马家窑文化（半山类型，约公元前2700—前2300年）
高13.5厘米，口径6厘米，底径7.5厘米
甘肃省博物馆藏

## 漩涡纹鸟形彩陶壶

马家窑文化（半山类型，约公元前2700—前2300年）
高31.2厘米，口径9厘米，底径11.5厘米
兰州市博物馆藏

## 漩涡纹鸟形彩陶壶

马家窑文化（半山类型，约公元前2700—前2300年）
高35厘米，口径11厘米，底径11厘米
兰州市博物馆藏

## 圆圈网纹鸟形彩陶壶

马家窑文化（半山类型，约公元前2700—前2300年）
高21厘米，口径8.7厘米，底径9.8厘米
兰州市博物馆藏

马家窑文化（半山类型，约公元前2700—前2300年）
高23.5厘米，口径7.5厘米
天水市麦积区博物馆藏

## 漩涡纹鸟形彩陶壶

马家窑文化（半山类型，约公元前2700—前2300年）
高23厘米，腹径26.9厘米
会宁县博物馆藏

## 鸟形陶器

这件鸟形陶器造型奇特，形象写实。鸟的造型和器物造型浑然一体，器腹为鸟的躯干，鼓腹，器物口在鸟尾，鸟喙和眼睛写实，有三足，且较为粗壮，可增加器物的稳定性。鸟形陶器生动写实，具有艺术与实用双重价值，也为商周鸟兽器皿的研究提供了宝贵资料。

辛店文化（约公元前1400—前800年）
高12厘米，口径3.3厘米
甘肃省博物馆藏

## 02

### 花叶

　　一花一世界，一叶一浮生，自然界中的一花一叶都是华夏先民创作的源泉。最初，他们模仿日常生活中所见的植物和种植的农作物的形态，将其具体形象描绘在彩陶上；然后，注重立意，不受自然形体的束缚而使之变得灵动多变；最后，先民展现了卓越的构图能力，用花瓣纹、花卉纹、叶片纹、草叶纹、豆荚纹以意写形，使画面具有节奏、韵律和动态感。彩陶上大量植物纹的出现，既反映了先民对自然的观察与认识，又反映了新石器时代农业生产已成为人们赖以生存的主要方式之一。

## 花卉纹双耳彩陶杯

此杯外壁上半部分在双耳之间的黑色框内彩绘图形,框内涂黑,凸显陶杯底色的花叶纹,手法简练。这种纹样特征和装饰手法多见于甘肃出土的仰韶文化庙底沟类型的彩陶器上。

仰韶文化(庙底沟类型,约公元前4000—前3500年)
高14.5厘米,口径11厘米
天水市麦积区博物馆藏

## 花卉纹彩陶盆

这件陶盆施浅红色陶衣。庙底沟类型彩陶采取将圆点、弧边三角、弧线和斜线随意组合在一起的方式,以弧线为主,组成旋动多姿、和谐统一的植物纹样。植物纹样在庙底沟类型彩陶上应用最具普遍性,或枝,或叶,或花,或实。

仰韶文化(庙底沟类型,约公元前 4000—前 3500 年)
高 16.4 厘米,口径 39 厘米,底径 13.2 厘米
甘肃省博物馆藏

## 花卉纹彩陶罐

　　这件陶罐属于仰韶文化石岭下类型彩陶器。仰韶文化彩陶图案富于弧线的美，这一时期陶工对植物形象有过细致观察，并对植物形图案作了极其简练的艺术概括。先民在陶器表面涂抹施黑彩的弧线或弧边三角形，突出与底色一致的主体纹饰，形成美丽的花瓣纹，花瓣组成花卉纹，既展示花朵的美丽，又表现出人类对美好事物的喜爱。

仰韶文化（石岭下类型，约公元前3500—前3000年）
高19.5厘米，口径11.8厘米，腹径19.5厘米，底径11.1厘米
天水市麦积区博物馆藏

## 花卉纹双耳彩陶瓶

　　这件仰韶文化石岭下类型彩陶瓶,胎色橙黄,瓶体正面描绘杏形花瓣的花卉纹。彩陶瓶背面纹饰十分简练,为交叉的两根线条纹,这是石岭下类型典型的辅助纹饰。

仰韶文化(石岭下类型,约公元前 3500—前 3000 年)
高 26 厘米,口径 6.8 厘米,底径 7.7 厘米
甘肃省博物馆藏

第一单元　鸟与花叶　众生有灵

## 变体花鸟纹彩陶盆

这件陶器用行云般的弧线纹，组成反复交错的纹饰，舒展律动。其上用黑彩描绘变体鸟纹，弧边三角形表示鸟头，眼睛简缩为圆点，留白处为花瓣纹。这些纹样被组合在斜形的富有动态的图案结构中，体现出先民奔放活泼的艺术风格。石岭下类型彩陶的表现手法，基本脱离了对自然物的写实临摹，丰富了图案结构的变化，表现出连续性，为马家窑文化彩陶的进一步发展奠定了基础。

仰韶文化（石岭下类型，约公元前3500—前3000年）
高19厘米，口径26.5厘米，底径13.2厘米
甘肃省博物馆藏

## 花卉纹双耳彩陶壶

此陶壶颈部饰弦纹，腹部饰旋式花卉纹图案。马家窑文化开始以同心圆组成旋式图案，黑色彩绘为其基本色调，在橙黄或米黄色胎体上通体施彩，给人一种明亮之感。漩纹线条流畅，绘制技巧高超。新石器时代彩陶多采用以点（圆）定位的方法，用来作为图案定位的点和圆多为奇数，常以三点成正三角形排列。这种等距三点所连接的呈六十度角的斜线，是运动感最强的。

马家窑文化（马家窑类型，约公元前3000—前2700年）
高19厘米，口径6.6厘米，腹径15.2厘米，底径8厘米
临夏市博物馆藏

## 花卉纹彩陶豆

　　这件陶豆为马家窑类型彩陶，器物内底绘旋式花卉纹，在大面积黑色底纹中夹杂细线条、网纹，变化多样，虚实结合，给人一种奔放豪迈的感觉。马家窑类型彩陶晚期出现在黑色花纹周围使用白彩勾勒白色细边或点缀白点的表现手法，黑白相映，浑厚质朴，对比强烈，有层次感。彩陶图案由具象变为意象，达到意象融合的效果。

马家窑文化（马家窑类型，约公元前3000—前2700年）
高12厘米，口径8厘米，底径10.5厘米
甘肃省博物馆藏

## 叶纹彩陶壶（2件）

这两件彩陶壶以黑、红彩为饰，腹部均以贝形叶纹为主体纹饰，用红色勾勒出贝形叶轮廓，两侧配以黑彩，黑彩内绘有叶脉纹理。这种构图是半山类型彩陶最鲜明和独特的标志，立体视觉效果极佳。

### 叶纹双耳彩陶壶

马家窑文化（半山类型，约公元前2700—前2300年）
高25厘米，口径9.7厘米，底径10.5厘米
甘肃省博物馆藏

## 叶纹单耳彩陶壶

马家窑文化（半山类型，约公元前2700—前2300年）
高19.5厘米，口径9.1厘米，腹径20.5厘米，底径7.7厘米
天水市麦积区博物馆藏

## 葫芦形彩陶瓶

此陶瓶为水器，模仿植物葫芦。葫芦是远古人类最早使用的水器，陶器诞生后，先民对葫芦作为水器的需求减弱。此瓶上半部施黑彩，与下半部黄胎形成鲜明对比，使人联想到天玄地黄的观念。在仰韶文化时期，葫芦形陶瓶数量多，装饰不拘一格，足见先民对葫芦形瓶的喜爱。葫芦形瓶自问世之日起一直受到人们的喜爱，与其后来谐音"福禄"，且形似"吉"字有关，自古被认为是吉祥之物。

仰韶文化（半坡类型，约公元前5000—前4000年）
高21.3厘米，口径1.6厘米，底径6厘米
甘肃省博物馆藏

# 水与游鱼
## 善利万物

九曲黄河，奔流不息，跃动着华夏民族永续不绝的血脉。黄、洮交汇，孕育了甘肃千里沃野。古代先民临水面居，耒耜耕作，捕鱼为乐。在彩陶制作中，先民将流水、游鱼描绘于彩陶之上，呈现出一幅"与天地万物为一体"的史前生活画卷。"逝者如斯夫！不舍昼夜。"水流的波纹成为先民所熟知的美的符号，水中的游鱼成了先民表达美好生活的图腾。这些元素被用心描绘，跃然器表，成为镌刻在中华民族血脉里的文化基因，代代传承。当我们驻足凝望这一件件精美的彩陶，感受象征水流奇妙灵动形成的波纹、漩纹，体味用稚朴的笔触表达出的具象与意象融合的鱼纹、蛙纹，奔腾的黄河与生机盎然的先民生活图景便跃然眼前。

展厅版面效果图

## 第二单元
# 水与游鱼　善利万物

　　九曲黄河，奔流不息，跃动着华夏民族永续不绝的血脉。黄、洮交汇，孕育了甘肃千里沃野。古代先民临水而居，耒耜耕作，捕鱼为乐。在彩陶制作中，先民将流水、游鱼描绘于彩陶之上，呈现出一幅"与天地万物为一体"的史前生活画卷。"逝者如斯夫！不舍昼夜。"水流的波纹成为先民所熟知的美的符号，水中的游鱼成了先民表达美好生活的图腾。这些元素被用心描绘，跃然器表，成为镌刻在中华民族血脉里的文化基因，代代传承。当我们驻足凝望这一件件精美的彩陶，感受象征水流奇妙灵动形成的波纹、漩纹，体味用稚朴的笔触表达出的具象与意象融合的鱼纹、蛙纹，奔腾的黄河与生机盎然的先民生活图景便跃然眼前。

# 01

## 水的形态

  古人云："上善若水。"水的变化与灵动成为早期先民最早接触并捕捉到的美，奔腾的河流、蜿蜒的小溪、波光粼粼的水面都成了早期先民创作彩陶纹饰的素材。他们将流水、浪花、漩涡等简化、抽象、敷彩，描绘于陶器之上。有的水流涓涓而行、缓缓而动、潺潺而过，有的则湍急而奔、直流而下，形成美丽的漩涡。先民再将这一幅幅美的瞬间不断重复表达，形成了二方连续、四方连续等连续构图形式。看着彩陶上的流水漩纹，我们仿佛听见了水的声音，感受到了水的流动，看到了早期先民所居之处的生机盎然。

## 水波纹鱼纹彩陶豆

此件马家窑类型彩陶豆,主要用于盛放食物。陶豆器身内外均绘有黑色线条为饰,外壁绘水波纹,内底绘有以对称三角纹为变体的一对鱼纹。陶豆不仅是当时的生活用器,也是祭祀礼器中的组合器皿之一。

马家窑文化(马家窑类型,约公元前3000—前2700年)
高12.2厘米,口径19.6厘米,足径9.7厘米
甘肃省博物馆藏

第二单元　水与游鱼　善利万物

## 水波纹彩陶豆（2件）

陶豆是下部较高的空心喇叭状座（高圈足）、上部钵状容器。这两件彩陶豆以黑色粗线条勾勒出流水起伏的样子，层层叠叠，引人遐想。整体绘画线条成熟流畅，反映了先民除了注重器物实用功能外，还有对美的追求。

### 水波纹彩陶豆

马家窑文化（马家窑类型，约公元前3000—前2700年）
高14.4厘米，口径19.1厘米，足径12.5厘米
甘肃省博物馆藏

## 水波纹彩陶豆

马家窑文化（马家窑类型，约公元前 3000—前 2700 年）
高 10.7 厘米，口径 17.3 厘米
甘肃省博物馆藏

第二单元　水与游鱼　善利万物

## 水波纹彩陶盆（2件）

先民通常选择在水边南向台地聚居，水波纹是他们日常所见河水的图案化表现。俯看水波漩纹彩陶器，可从中窥见先民使用彩陶的生活环境。这两件陶盆内外壁及口沿均施黑彩，内壁以彩绘为主，器身内外主体纹饰皆为波浪纹，线条起伏均匀，形似层层涟漪。其中一盆内腹部绘花瓣模样的圆点和线条，盆底绘变体鸟纹，平添活泼之感。

### 水波纹双耳彩陶盆

马家窑文化（马家窑类型，约公元前3000—前2700年）
高15.8厘米，口径35厘米
甘肃省博物馆藏

## 水波纹彩陶盆

马家窑文化（马家窑类型，约公元前 3000—前 2700 年）
高 8 厘米，口径 27 厘米
甘肃省博物馆藏

第二单元　水与游鱼　善利万物

## 水波纹双耳彩陶罐

此件水波纹双耳彩陶罐是马家窑类型的典型陶器。外壁以黑彩满绘弦纹，其间缀以黑色粗条纹。平视此罐，似水流缓缓而过，俯视此罐，似水面泛起阵阵涟漪。

马家窑文化（马家窑类型，约公元前3000—前2700年）
高32厘米，口径21厘米，底径12.2厘米
兰州市博物馆藏

## 水波纹双耳彩陶瓶

此件水波纹双耳彩陶瓶为马家窑类型的典型器物。小喇叭形口，平底，双耳的设计便于悬绳提拿。壶身以黑色线条绘平行水波纹，生动地再现了先民的审美情趣。

马家窑文化（马家窑类型，约公元前3000—前2700年）
高35.5厘米，口径8.5厘米，底径8.5厘米
甘肃省博物馆藏

## 水波纹彩陶壶、罐（3件）

这3件器物是典型的马家窑文化半山类型陶器，代表了半山类型彩陶的艺术风格。器外壁所绘纹饰均为水波纹，纹饰细密繁复，构图巧妙。平看如排波连涌，俯视似涟漪渐开，无论从哪个角度观看，皆成优美的画面。半山彩陶纹饰复杂，动感强烈，多以红、黑相间的线条勾画出各种图案，具有华丽精美的艺术风格。

### 水波纹双耳彩陶壶

马家窑文化（半山类型，约公元前2700—前2300年）
高30.2厘米，口径18厘米，底径13.2厘米
兰州市博物馆藏

## 水波纹双耳彩陶罐

马家窑文化（半山类型，约公元前2700—前2300年）
高18.7厘米，口径16厘米，底径10.4厘米
甘肃省博物馆藏

## 水波纹双耳彩陶罐

马家窑文化（半山类型，约公元前 2700—前 2300 年）
高 18.5 厘米，口径 16.5 厘米，底径 10 厘米
兰州市博物馆藏

## 水波纹陶壶、罐（7件）

此组彩陶器器形规整，主要用于贮水储物，纹样由黑彩或红、黑双彩绘制。所绘纹饰为锯齿纹、弦纹、弧线纹、半圆形纹、平行线纹等，构图极具层次感，呈现出水面的宁静之美。锯齿纹和弦纹等的组合呈现出水面平静、斜阳初照、波光粼粼的美感。平行线纹、波浪纹则呈现出水流缓慢时的静态美。此类水波纹的设计不仅展示了器物绚丽的艺术风格，也体现了先民对多种几何纹组合的巧妙运用，反映了先民对自然界的深入观察与思考。

### 水波纹双耳彩陶壶

马家窑文化（半山类型，约公元前2700—前2300年）
高40厘米，腹径41厘米
会宁县博物馆藏

## 水波纹双耳彩陶壶

马家窑文化(半山类型,约公元前2700—前2300年)
高23.5厘米,口径8.2厘米,底径10厘米
甘肃省博物馆藏

## 水波纹双耳彩陶壶

马家窑文化（半山类型，约公元前2700—前2300年）
高40.5厘米，口径12.2厘米，底径12厘米
甘肃省博物馆藏

## 水波纹双耳彩陶壶

马家窑文化（半山类型，约公元前2700—前2300年）
高31厘米，腹径34厘米
会宁县博物馆藏

## 水波纹双耳彩陶壶

马家窑文化（半山类型，约公元前2700—前2300年）
高38厘米，口径11.5厘米，底径11.5厘米
兰州市博物馆藏

第二单元　水与游鱼　善利万物

## 水波纹双耳彩陶罐

马家窑文化（半山类型，约公元前2700—前2300年）
高23厘米，口径11.8厘米，底径15.8厘米
甘肃省博物馆藏

## 水波纹双耳彩陶罐

马家窑文化（马厂类型，约公元前2300—前2000年）
高10.5厘米，口径13.9厘米，底径7.5厘米
甘肃省博物馆藏

## 漩涡纹彩陶瓶（2件）

　　这两件彩陶瓶是典型的仰韶文化石岭下类型陶器，细泥质陶，小喇叭形瓶口，瓶颈微束，小平底，器表打磨光滑。大部分学者认为石岭下类型的彩陶仍然保留着庙底沟类型彩陶的特点，如圆点、三角、涡纹等脱胎于庙底沟类型。石岭下类型彩陶以圆点涡形纹最为常见，水涡的特点是从周边向涡心旋动，愈是到涡底，愈有深扭转入水底的感觉。有学者认为翻卷的漩涡纹是表达生命对水的记忆与颖悟。

### 漩涡纹彩陶瓶

仰韶文化（石岭下类型，约公元前3500—前3000年）
高33.5厘米，口径14厘米，底径15.2厘米
兰州市博物馆藏

## 漩涡纹双耳彩陶瓶

仰韶文化（石岭下类型，约公元前3500—前3000年）
高34厘米，腹径19厘米
会宁县博物馆藏

## 漩涡纹彩陶器（14件）

这组彩陶器是马家窑文化的典型陶器，其上描绘的纹饰是各种转着漩涡的水流形态，是马家窑文化时期先民对母亲河黄河之水的观察和对河水流淌的真实描绘。他们将河水湍急时水面形成漩涡的景象描绘在陶瓶、壶、罐、杯、盆和钵等器皿上，这有力地证明了这一时期先民居住在一个水量充沛、水流欢快的自然环境里。大幅黑色粗线的宽面水波线条和小圆圈涡纹，让人仿佛可以感受到水势湍急，淙淙有声。波纹下方的弧纹与线带，如同流水触碰到的堤岸，平衡了水势带来的紧张感，体现了先民对自然力量的敬畏。马家窑类型彩陶是仰韶文化在甘青地区的延续和发展，它继承了庙底沟、石岭下类型彩陶的活泼爽朗，又逐渐形成由简朴到精细风格的演变。

### 漩涡纹双耳彩陶瓶

马家窑文化（马家窑类型，约公元前3000—前2700年）
高25厘米，口径8.4厘米，底径7.4厘米
兰州市博物馆藏

## 漩涡纹彩陶瓶

马家窑文化（马家窑类型，约公元前3000—前2700年）
高45.5厘米，口径14厘米，底径12.5厘米
甘肃省博物馆藏

第二单元　水与游鱼　善利万物　　073

## 漩涡纹双耳彩陶瓶

马家窑文化（马家窑类型，约公元前3000—前2700年）
高51厘米，口径15厘米，底径12厘米
甘肃省博物馆藏

## 漩涡纹彩陶罐

马家窑文化（马家窑类型，约公元前3000—前2700年）
高11.4厘米，口径10.2厘米，底径6.3厘米
兰州市博物馆藏

## 漩涡纹三联彩陶杯

马家窑文化（马家窑类型，约公元前3000—前2700年）
高10.5厘米，口径7厘米
兰州市博物馆藏

## 漩涡纹彩陶盆

马家窑文化（马家窑类型，约公元前3000—前2700年）
高16厘米，口径35厘米，底径11.7厘米
甘肃省博物馆藏

## 漩涡纹双耳彩陶壶

马家窑文化（半山类型，约公元前2700—前2300年）
高37厘米，口径9.6厘米，底径11厘米
临夏市博物馆藏

## 漩涡纹双耳彩陶壶

马家窑文化（半山类型，约公元前2700—前2300年）
高48厘米，腹径39.5厘米
会宁县博物馆藏

第二单元　水与游鱼　善利万物

## 漩涡纹双耳彩陶壶

马家窑文化（半山类型，公元前2700—前2300年）
高27厘米，口径9.5厘米，腹径28.5厘米，底径9.3厘米
天水市麦积区博物馆藏

## 漩涡纹双耳彩陶壶

马家窑文化（半山类型，约公元前2700—前2300年）
高34厘米，口径14.8厘米，底径15厘米
甘肃省博物馆藏

## 漩涡纹双耳彩陶壶

马家窑文化（半山类型，约公元前2700—前2300年）
高33厘米，口径17.5厘米，底径15厘米
兰州市博物馆藏

## 漩涡纹双耳彩陶壶

马家窑文化（半山类型，约公元前2700—前2300年）
高39.5厘米，口径12.5厘米，腹径38.5厘米，底径14.5厘米
临夏市博物馆藏

第二单元　水与游鱼　善利万物

## 漩涡纹双耳彩陶壶

马家窑文化（半山类型，约公元前2700—前2300年）
高28厘米，口径9厘米，底径11.1厘米
甘肃省博物馆藏

## 漩涡纹双耳彩陶钵

马家窑文化（马厂类型，约公元前2300—前2000年）
高12.7厘米，口径17.5厘米，底径8厘米
甘肃省博物馆藏

## 漩涡网纹彩陶壶（3件）

　　水的变化与灵动成为先民最早接触的美。先民将流水、浪花、漩涡等简化、抽象并描绘在他们日常所用的陶器之上。这3件陶壶颈部装饰锯齿纹，颈下是弦纹、带纹相间。锯齿纹是先民对山崇拜的一种表现形式，不仅反映了先民对山水自然的细致观察，更包含了先民的审美创造思想。主体纹饰分上下两层，层次分明：肩部在水波纹间绘有四个圆圈纹，圈内填网纹；腹部绘漩涡纹，展现了河水奔涌向前的韵律感。这些纹饰既表现了先民的智慧与艺术审美，又展现了他们生活环境的美。

### 漩涡网纹双耳彩陶壶

马家窑文化（马家窑类型，约公元前3000—前2700年）
高47.8厘米，口径10.7厘米，底径20.5厘米
甘肃省博物馆藏

## 漩涡网纹双耳彩陶壶

马家窑文化（马家窑类型，约公元前3000—前2700年）
高53厘米，口径13厘米
天水市麦积区博物馆藏

## 漩涡网纹双耳彩陶壶

马家窑文化（半山类型，约公元前2700—前2300年）
高33.4厘米，口径10.6厘米，底径13.7厘米
甘肃省博物馆藏

## 漩涡菱格纹双耳彩陶壶（6件）

　　这组器物均为马家窑文化半山类型彩陶壶。陶壶的共同特征是腹部均圆鼓，较马家窑类型的陶壶容量更大，腹部所绘纹样更为大气。这组彩陶壶描绘的主体纹饰为漩涡纹，即在数条弧线旋转处绘圆圈纹，圆圈内又饰以各种几何纹，具有很强的装饰性。马家窑文化半山类型彩陶工艺成熟，线条流畅，纹饰呈现出程式化特征。

漩涡菱格纹双耳彩陶壶

马家窑文化（半山类型，约公元前2700—前2300年）
高35厘米，腹径35.5厘米
会宁县博物馆藏

## 漩涡菱格纹双耳彩陶壶

马家窑文化（半山类型，约公元前2700—前2300年）
高30厘米，腹径36厘米
会宁县博物馆藏

## 漩涡菱格纹双耳彩陶壶

马家窑文化（半山类型，约公元前2700—前2300年）
高43厘米，腹径41厘米
会宁县博物馆藏

## 漩涡菱格纹双耳彩陶壶

马家窑文化（半山类型，约公元前2700—前2300年）
高38厘米，口径12.3厘米，底径11厘米
兰州市博物馆藏

## 漩涡菱格纹双耳彩陶壶

马家窑文化（半山类型，约公元前2700—前2300年）
高26厘米，腹径34厘米
会宁县博物馆藏

## 漩涡菱格纹双耳彩陶壶

马家窑文化（半山类型，约公元前2700—前2300年）
高43厘米，口径12.7厘米，底径13.1厘米
兰州市博物馆藏

## 漩涡纹彩陶壶（3件）

这3件彩陶壶造型相似，腹部圆鼓，橘红色器身绘红、黑双色纹样。连续垂弧纹绘就的水波纹优雅美丽，从上往下俯视陶壶，则像水面泛起了涟漪，极具美感。垂弧纹表达的水波纹，在湍急的水流中形成漩涡，这种漩涡并非自然界中存在的漩涡，而是加入了先民的主观元素。他们将自然现象中观察到的漩涡涡心扩大成圆圈，再在圆圈里饰以"米"字纹、网纹等，这体现了先民对水流的主观表达。描绘自然物象时加入思考和设计，是先民审美的进步，也是绘画表现手法的提高。

### 漩涡波浪纹双耳彩陶壶

马家窑文化（半山类型，约公元前2700—前2300年）
高31.5厘米，腹径34.5厘米
会宁县博物馆藏

## 漩涡水波纹双耳彩陶壶

马家窑文化（半山类型，约公元前 2700—前 2300 年）
高 44 厘米，口径 40 厘米，底径 12 厘米
甘肃省博物馆藏

## 漩涡"米"字纹双耳彩陶壶

马家窑文化（半山类型，约公元前2700—前2300年）
高38厘米，腹径38.2厘米
会宁县博物馆藏

## 漩涡纹彩陶罐（2件）

辛店文化是继齐家文化之后西北地区青铜时代的古文化遗存，极具地域性，体现了浓厚的地方色彩。辛店文化彩陶制作较为粗糙，图案简洁疏朗。陶质一般以夹砂红褐陶为主，泥质红陶次之，泥质灰陶更为少见。常见图案有宽带纹、曲折纹、双钩纹、连续回纹及"S"形纹等。这两件陶器以简单大方的红、黑色线条勾勒漩涡水纹，表现了湍急水流中卷起漩涡的自然现象。先民将漩涡水纹艺术化地表现在陶壶上，充分展示了河水奔涌向前、绵绵不绝的视觉效果，不由得让人想起"腾波沸涌，珠贝氾浮"的光景。

### 漩涡纹双耳彩陶罐

辛店文化（约公元前1400—前800年）
高23厘米，口径11厘米，腹径20.5厘米，底径7.5厘米
临夏市博物馆藏

## 漩涡纹彩陶罐

辛店文化（约公元前 1400—前 800 年）
高 19.6 厘米，口径 10.4 厘米，腹径 20.6 厘米，底径 7.6 厘米
临夏市博物馆藏

## 四大圈纹双耳彩陶壶（2件）

这两件双耳彩陶壶上的纹饰是典型的四大圈纹。四大圈纹是由漩涡纹发展演变而来，最早见于半山类型晚期。这个时期彩陶壶变得更加丰满圆润，其腹部向外膨出到最大程度，壶腹装饰面积随之扩大，漩涡纹中的圆圈也随之增大，演变成大圆圈，并逐步标准化，固定为四大圈，圈内填饰几何纹样，被称为四大圈纹。四大圈纹是马厂类型彩陶壶最经典的纹饰，也是马厂类型代表性纹样。它表明马厂类型彩陶装饰风格已完全程式化，画风变得简练刚健，黑、红二色间隔并用，使花纹呈现一定的立体效果。

### 圆圈网纹双耳彩陶壶

马家窑文化（半山类型，约公元前2700—前2300年）
高22.8厘米，口径8.8厘米，底径9.2厘米
甘肃省博物馆藏

## 四大圈方格纹双耳彩陶壶

马家窑文化（马厂类型，公元前 2300—前 2000 年）
高 37.3 厘米，口径 12 厘米，腹径 33 厘米，底径 10 厘米
天水市麦积区博物馆藏

## 圆圈垂弧纹双耳彩陶壶

这件彩陶壶上的纹饰较为特殊，其肩部和上腹部由黑、红两色描绘出六个大圈，其中四个大圈内描绘水波纹，两个成组，两两相对，间隔以椭圆形大圈，圈内绘制贝形叶纹。这是四大圈纹还未程式化时的一种装饰形式。

马家窑文化（马厂类型，约公元前2300—前2000年）
高25.5厘米，口径13.5厘米，底径10厘米
甘肃省博物馆藏

## 四大圈"卍"字纹双耳彩陶壶

　　这件彩陶壶外壁用红、黑两色描绘漩涡纹，在起旋的圆圈内以红色粗线条绘制"卍"字符号。"卍"字符号主要分布于亚洲北部，在中国境内则主要分布于黄河流域和辽河流域。目前发现最早的是距今6000年的河北武安赵窑仰韶文化遗址彩陶，而数量和普及程度最高的是甘青地区马家窑文化马厂类型彩陶，其中又以青海柳湾墓地最为典型。有学者将"卍"字纹与太阳崇拜联系在一起，认为"卍"字纹是把太阳视为"万物之母"的祖神崇拜，也有学者认为"卍"字符号是由人的肢体纹饰简化演变而来，是早期信仰艺术化的结果。

马家窑文化（马厂类型，公元前2300—前2000年）
高30厘米，口径11厘米，腹径29厘米，底径9厘米
天水市麦积区博物馆藏

第二单元　水与游鱼　善利万物

## 四大圈纹双耳彩陶壶（9件）

　　这9件器形硕大的彩陶壶，腹部大且深，盛水储物的容量更多。其上的装饰纹样是典型的马家窑文化马厂类型彩陶纹饰。马厂类型彩陶以黑、红二色间隔并用，线条较半山类型的线条更为刚健。陶壶腹部的四大圈纹与下腹内弧线和水波纹形成鲜明对比。四大圈最内侧多以红彩画圈，圈内往往填以网纹、菱格纹、"十"字纹、"井"字纹等，图案丰富而饱满，具有很强的立体装饰效果。

### 四大圈纹双耳彩陶壶

马家窑文化（马厂类型，约公元前2300—前2000年）
高43.5厘米，口径17厘米，腹径43厘米
甘肃省博物馆藏

## 四大圈纹双耳彩陶壶

马家窑文化（马厂类型，约公元前2300—前2000年）
高38.5厘米，口径13厘米，底径10厘米
甘肃省博物馆藏

## 四大圈纹双耳彩陶壶

马家窑文化（马厂类型，约公元前 2300—前 2000 年）
高 40.3 厘米，口径 14.2 厘米，底径 10.7 厘米
兰州市博物馆藏

## 四大圈纹双耳彩陶壶

马家窑文化（马厂类型，约公元前 2300—前 2000 年）
高 37.5 厘米，口径 12.2 厘米，底径 10 厘米
甘肃省博物馆藏

## 四大圈纹双耳彩陶壶

马家窑文化（马厂类型，约公元前2300—前2000年）
高41.5厘米，口径20.5厘米，腹径45.5厘米
甘肃省博物馆藏

## 四大圈纹双耳彩陶壶

马家窑文化（马厂类型，约公元前2300—前2000年）
高38.5厘米，口径14.2厘米，底径12厘米
甘肃省博物馆藏

第二单元　水与游鱼　善利万物

## 四大圈纹双耳彩陶壶

马家窑文化（马厂类型，约公元前2300—前2000年）
高43.2厘米，口径11.5厘米，底径11厘米
兰州市博物馆藏

## 葫芦网纹单耳彩陶壶

马家窑文化（半山类型，约公元前 2700—前 2300 年）
高 17.7 厘米，口径 9 厘米，底径 9.7 厘米
甘肃省博物馆藏

## 葫芦网纹双耳彩陶壶

马家窑文化（半山类型，约公元前2700—前2300年）
高25.5厘米，口径9厘米，底径10厘米
甘肃省博物馆藏

## 葫芦网纹双耳彩陶壶

马家窑文化（半山类型，约公元前2700—前2300年）
高36厘米，口径16厘米，底径14.5厘米
甘肃省博物馆藏

第二单元　水与游鱼　善利万物

## 网纹鱼纹彩陶钵

　　此件彩陶钵为马家窑文化马家窑类型器物,整体器形规整,图案繁复。器物主体纹饰绘制于陶钵内,这是由于当时的陶器多放置于地面,而先民多以俯视角度观之,这种适应观者角度的巧思,体现了先民的艺术智慧。陶钵外壁口沿下则描绘数条弧线,表示水波纹。此件陶钵所绘纹饰充满趣味,用极为抽象的图案绘制了一张渔网捕捞到四条大鱼的画面,画面呈对角布局,极具对称之美。

马家窑文化(马家窑类型,约公元前3000—前2700年)
高5.3厘米,口径14.4厘米,底径6.8厘米
甘肃省博物馆藏

## 网纹彩陶器（6件）

这组器物的主体纹饰均为网纹，有米格形网纹、菱形网纹、梯形网纹和三角形网纹等，体现了从马家窑文化时期到齐家文化时期网纹的一脉相承，可见先民对网纹情有独钟。网纹源自渔网的形态，人类对网纹的钟爱，应来自先祖网鱼之乐的收获心理，从而将此运用到彩陶装饰艺术之上。

### 菱形网纹双耳彩陶罐

马家窑文化（半山类型，约公元前2700—前2300年）
高26厘米，口径15厘米，底径10厘米
甘肃省博物馆藏

## 交叉网格纹双耳彩陶罐

马家窑文化（马厂类型，约公元前2300—前2000年）
高13厘米，口径9.5厘米，腹径15厘米，底径7.5厘米
天水市麦积区博物馆藏

## 菱形网纹双耳彩陶罐

马家窑文化（马厂类型，约公元前 2300—前 2000 年）
高 9.5 厘米，口径 6.7 厘米，底径 4 厘米
甘肃省博物馆藏

## 网纹单耳高足彩陶罐

齐家文化（约公元前 2200—前 1700 年）
高 13.5 厘米，口径 8 厘米，底径 7 厘米
甘肃省博物馆藏

## 三角形网纹双肩耳彩陶罐

齐家文化（约公元前 2200—前 1700 年）
高 12.5 厘米，口径 7.9 厘米，底径 5.5 厘米
甘肃省博物馆藏

第二单元　水与游鱼　善利万物

## 三角形网纹单耳彩陶罐

齐家文化（约公元前 2200—前 1700 年）
高 7.2 厘米，口径 5.5 厘米，腹径 7.9 厘米，底径 4.5 厘米
天水市麦积区博物馆藏

## 02

## 水中生灵

　　水利万物，万物亦因水而生，水生动物悠游繁衍其间。这些动物既是先民的食物，也是先民心中的神灵和氏族的图腾，是他们与自然之间的纽带。鱼类是先民观察得最为细致和艺术表现最多的水中生灵。早期彩陶上的鱼纹形象生动，写实性较强，之后逐步简化，鱼鳍合并，最终成为一种固定的程式化图案，表现出由写实到写意，具象演绎为抽象的变化过程。鱼纹之外还有贝纹、蛙纹等纹饰，表现了早期先民与水生动物的密切关系，也体现出他们对大自然的崇拜与敬畏。

## 鱼纹彩陶器（6件）

　　仰韶文化半坡类型彩陶器上描绘了大量的鱼纹。这组彩陶器展示了鱼纹演变的全过程，从写实到写意，最后发展为几何纹。其中，鱼头变化很显著，由自然形态简化为几何形。鱼头的上、下颌被拉长成为三角形，鱼鳍也由写实形演变为对称的几何形，极具装饰性。早期先民临水而居，捕食鱼类是其日常生活的一部分；又因为鱼多子多产，所以鱼也是先民生殖崇拜的对象。

### 鱼纹彩陶盆

仰韶文化（半坡类型，约公元前5000—前4000年）
高14厘米，口径39.7厘米
天水市麦积区博物馆藏

## 鱼纹彩陶盆

仰韶文化（半坡类型，约公元前5000—前4000年）
高9.6厘米，口径26厘米
甘肃省博物馆藏

## 变体鱼纹彩陶钵

仰韶文化（半坡类型，约公元前5000—前4000年）
高8厘米，口径15厘米
甘肃省博物馆藏

## 变体鱼纹彩陶钵

仰韶文化（半坡类型，约公元前5000—前4000年）
高8.4厘米，口径17.8厘米
甘肃省博物馆藏

## 变体鱼纹彩陶钵

仰韶文化（半坡类型，约公元前5000—前4000年）
高7.3厘米，口径15.3厘米
甘肃省博物馆藏

## 游鱼纹双耳彩陶壶

马家窑文化（马家窑类型，约公元前 3000—前 2700 年）
高 35 厘米，口径 11 厘米，底径 15.3 厘米
甘肃省博物馆藏

## 变体鲵鱼纹彩陶器（3件）

这3件彩陶器都属于仰韶文化石岭下类型彩陶，其上所描绘的纹饰均为变体鲵鱼纹。鲵鱼俗称娃娃鱼，栖息在湍急的山涧溪流中，会发音，声似婴孩啼哭，面部短如小儿，所以称作娃娃鱼。在仰韶文化半坡类型和庙底沟类型的彩陶器上所绘鲵鱼纹，大都是依照自然界中娃娃鱼的形象描绘的写实形象。随着先民把握事物本质特征的能力的提高，他们描绘的事物逐步抽象化。于是，彩陶上出现了各种变体的抽象鲵鱼纹，先民以局部特征代替整体形象，表现了鲵鱼在水中爬行时弯曲的体态。这是先民抽象思维能力提高的表现。

### 变体鲵鱼纹彩陶壶

仰韶文化（石岭下类型，约公元前3500—前3000年）
高32.8厘米，口径15.5厘米
天水市麦积区博物馆藏

## 变体鲵鱼纹彩陶壶

仰韶文化（石岭下类型，约公元前 3500—前 3000 年）
高 26.5 厘米，口径 13 厘米，底径 13 厘米
兰州市博物馆藏

## 变体鲵鱼纹双耳彩陶罐

仰韶文化（石岭下类型，约公元前 3500—前 3000 年）
高 22.5 厘米，口径 14 厘米
天水市麦积区博物馆藏

## 蛙纹彩陶瓶

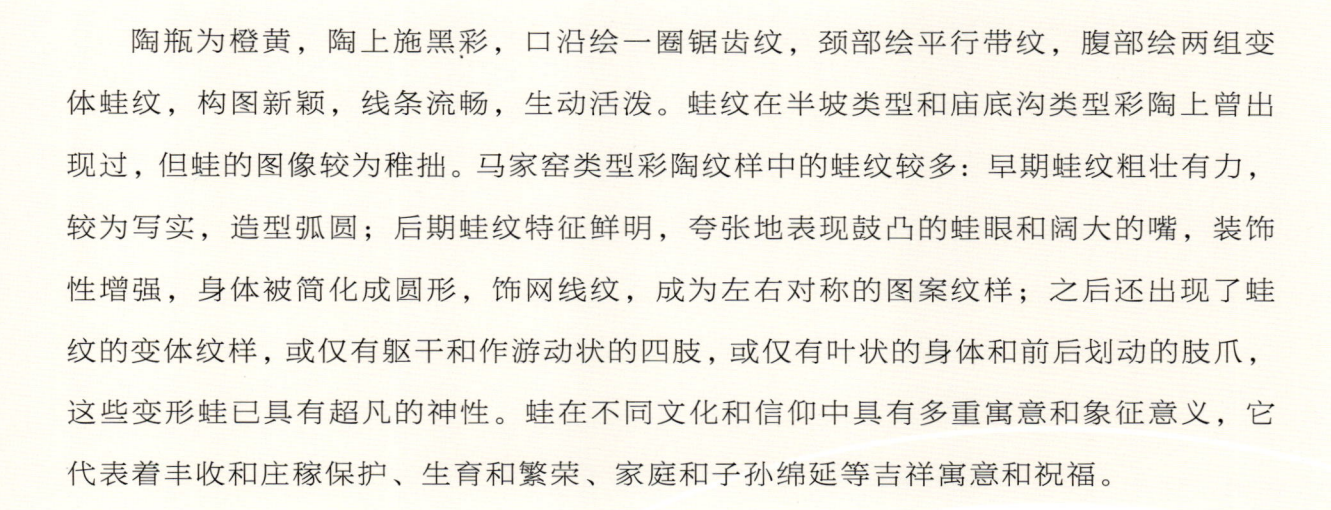

陶瓶为橙黄，陶上施黑彩，口沿绘一圈锯齿纹，颈部绘平行带纹，腹部绘两组变体蛙纹，构图新颖，线条流畅，生动活泼。蛙纹在半坡类型和庙底沟类型彩陶上曾出现过，但蛙的图像较为稚拙。马家窑类型彩陶纹样中的蛙纹较多：早期蛙纹粗壮有力，较为写实，造型弧圆；后期蛙纹特征鲜明，夸张地表现鼓凸的蛙眼和阔大的嘴，装饰性增强，身体被简化成圆形，饰网线纹，成为左右对称的图案纹样；之后还出现了蛙纹的变体纹样，或仅有躯干和作游动状的四肢，或仅有叶状的身体和前后划动的肢爪，这些变形蛙已具有超凡的神性。蛙在不同文化和信仰中具有多重寓意和象征意义，它代表着丰收和庄稼保护、生育和繁荣、家庭和子孙绵延等吉祥寓意和祝福。

马家窑文化（马家窑类型，约公元前3000—前2700年）
高31.5厘米，口径14厘米，腹径47.8厘米，底径13.6厘米
漳县博物馆藏

## 蛙形陶罐（2件）

蛙形陶罐正面装饰凸起的眼睛，刻画双孔鼻子、宽大且下撇的嘴，活脱脱一只青蛙形象。在先民眼中，蛙不但能够在陆地上行走跳跃，又能在水中自由潜泳，而且还有强大的生育繁殖能力，所以蛙不仅成为先民生殖崇拜的对象，而且逐步发展为神灵形象。变形蛙纹为马家窑文化彩陶常见的装饰纹样，体现了早期先民对繁衍旺盛的期待。

### 蛙形陶罐

马家窑文化（马厂类型，约公元前2300—前2000年）
高6.9厘米，口径4.6厘米
临夏市博物馆藏

## 蛙形陶罐

马家窑文化（马厂类型，约公元前 2300—前 2000 年）
高 6.5 厘米，口径 7.6 厘米
临夏市博物馆藏

## 贝纹彩陶器（5件）

贝纹最早出现于马家窑文化半山类型中，马厂类型中使用较多，而且有许多创新。半山类型的贝纹一般多与折带纹和菱格锯齿纹配套使用，多为单个的贝形纹竖向或斜向排列，多用黑色单彩，有的用黑、红复彩绘制。马厂类型的贝纹多以独立的纹饰出现，用单一的黑彩绘制，表现手法变得简单，一般用线条勾勒轮廓，中间用竖线将贝叶纵分，出现成串的贝形纹，多为顺向串连，排列方式以横排为主。器物上贝纹形似女性生殖器，体现了早期人类对女性的崇拜。

### 贝纹双耳彩陶罐

马家窑文化（半山类型，约公元前2700—前2300年）
高18.1厘米，口径7.5厘米，腹径18.5厘米
甘肃省博物馆藏

## 贝纹高低耳彩陶罐

马家窑文化（半山类型，约公元前2700—前2300年）
高24.3厘米，口径13.8厘米，底径8.5厘米
甘肃省博物馆藏

第二单元　水与游鱼　善利万物

## 贝纹双耳彩陶壶

马家窑文化（半山类型，约公元前2700—前2300年）
高33厘米，口径16.5厘米，腹径38厘米
甘肃省博物馆藏

## 贝纹双耳彩陶壶

马家窑文化（马厂类型，约公元前2300—前2000年）
高38.3厘米，口径13.8厘米，底径13厘米
甘肃省博物馆藏

## 连贝纹彩陶豆

马家窑文化（马厂类型，约公元前2300—前2000年）
高11厘米，口径17厘米，足径10厘米
甘肃省博物馆藏

第二单元　水与游鱼　善利万物

## 人与自然 天人合一

伴随着先民审美意识与精神需求的提升，彩陶纹饰由最开始对自然的写实描绘，渐渐转化为抽象的表达，传递的是先民在自然环境中的生活、情感以及观念的变化，成为先民追求精神生活的实物证明。纹饰成了具有图腾意义的象征符号，是当时社会成员共同的信仰。先民运用意象表现手法提取最富特征的部分形象作示意性的表现，用最简洁的平面图案来造型或示意，从面强有力地表现出早期先民共同的生活感受和美的观念，既表达了对自然的感恩和崇拜，又体现了对人与自然关系的思索，这也是天人合一思想的最初萌芽。

展厅版面效果图

## 第三单元
# 人与自然　天人合一

　　伴随着先民审美意识与精神需求的提升，彩陶纹饰由最开始对自然的写实描绘，渐渐转化为抽象的表达，传递的是先民在自然环境中的生活、情感以及观念的变化，成为先民追求精神生活的实物证明。纹饰成了具有图腾意义的象征符号，是当时社会成员共同的信仰。先民运用意象表现手法提取最富特征的部分形象作示意性的表现，用最简洁的平面图案来造型或示意，从而强有力地表现出早期先民共同的生活感受和美的观念，既表达了对自然的感恩和崇拜，又体现了对人与自然关系的思索，这也是天人合一思想的最初萌芽。

## 01

### 抽象的融合

彩陶纹饰会伴随先民审美意识的提升而发生变化，从最初的写实描绘，转向为融合多种物象的抽象表达，如对自然的崇拜、对丰收的喜悦、对未来的憧憬等，都融入先民对彩陶纹饰的创作之中。弧线组成的花纹经常与变体鱼、鸟纹结合，形成急流旋转的漩涡纹，漩涡纹又发展出不同的变体组合图案，成为抽象的融合花纹，孕育了中华文明你中有我、我中有你，万事万物关系的转化互为表里、融通共存的哲学观念。

## 三角纹彩陶钵

三角纹自仰韶文化时期开始,便是陶器纹饰中经常使用的母题之一,有的源自编织纹,有的由鱼形、山形演化而来。最初的形状是直角三角纹,有等腰三角和直角三角,之后三角纹的边线出现向内的弧弯变化。此件半坡类型陶钵,主体装饰以正反两个黑彩三角形夹杂数条斜线为一个单元,共饰四个单元图案。两个三角形的斜边与中间的斜线皆平行。这种三角纹与线条的组合形式,在绘画方式上有色彩涂绘与线条绘制的对比,也体现了先民对于垂直、平行等数学概念的把握。

仰韶文化(半坡类型,约公元前5000—前4000年)
高6.6厘米,口径14.3厘米
甘肃省博物馆藏

## 菱格纹双耳彩陶壶

菱格纹是马家窑文化半山类型和马厂类型最具变化的纹饰，由相互连续排列的菱格组成。菱格纹可能来源于编织物，也可能是网格纹的一种变体。菱格有单层、多层横向排列和上下交错排列等形式。这件彩陶器以黑、红复彩条带形成的二方连续菱格纹为主体装饰，菱格内黑地，四方排列红彩小菱形。整器装饰规整又不失律动，体现了先民的审美情趣。

马家窑文化（半山类型，约公元前2700—前2300年）
高33.5厘米，口径13.7厘米
天水市麦积区博物馆藏

## 复线回形纹双耳带流彩陶罐

复线回形纹兴盛于半山、马厂类型的彩陶装饰之中，多以复线构成菱形或方形，向内旋卷形成回纹，使得构图更为饱满。复线纹出现的基础在于对绘图工具更为精准的把握，例如通过梳篦形工具一次性绘制出更为精细的平行线条，体现了先民思维观念与创作技巧的进步。

马家窑文化（半山类型，约公元前2700—前2300年）
高23.2厘米，口径22.6厘米，底径11.4厘米
甘肃省博物馆藏

## 菱形纹双耳彩陶壶

此件陶壶饰有三个上下相连的黑彩菱形纹数组,有别于其他陶罐上的平行菱形纹,并添加了黑、红彩条带,折带纹,平行线纹等诸多元素,体现了先民对于多种几何纹组合的巧妙运用。

马家窑文化(马厂类型,约公元前2300—前2000年)
高18厘米,口径8厘米,底径6.5厘米
甘肃省博物馆藏

## 折线纹双耳彩陶罐

折线纹是马家窑文化马厂类型的常见纹饰，以三角、方折形式折转，构成三角形、S形等不同形状的图案。此件陶罐腹部饰黑彩，上绘红彩折线，形成交叉、回形的复合纹样，并与罐颈处的红地黑线及罐肩的红色方块纹相互呼应，疏密有致，层次分明，体现了先民审美水平与观念的进步。

马家窑文化（马厂类型，约公元前2300—前2000年）
高21.2厘米，口径12厘米，底径8.6厘米
甘肃省博物馆藏

## 回纹双耳彩陶罐、壶（2件）

回纹是彩陶上最为常见的一种几何纹饰，有学者认为回纹由蛇、水涡等回旋的形象抽象而来，也有学者认为回纹与雷纹甚至折枝纹有关。在半山类型与马厂类型的彩陶中，封闭或半封闭的方形、三角形纹、菱形等几何图案皆可内旋形成回纹。回纹也逐渐成为组合图案中最为常见的母题，常与其他纹饰组合运用。回纹的广泛运用，体现了先民思维中对于"循环"的把握，推进了时空观念的形成，为古代中国人的知识体系奠定了基础。

### 回纹双耳彩陶罐

马家窑文化（马厂类型，约公元前2300—前2000年）
高18.1厘米，口径9.4厘米，底径7.3厘米
兰州市博物馆藏

## 回纹双耳彩陶壶

马家窑文化（马厂类型，约公元前2300—前2000年）
高33厘米，口径11.4厘米，腹径27.8厘米，底径10.7厘米
临夏市博物馆藏

## 回形纹双耳彩陶罐

几何纹样有两种来源：其一为编织纹发展而来，必须把曲线变为直线，才能以经纬线编织出形象，造就了最初的几何图案；其二便是事物的写实纹样演化而来。两者并行不悖，都体现了人类认知发展的客观规律。此件陶罐口沿内饰平行线纹及连弧纹，颈饰竖条波浪纹，肩饰黑地红菱形纹，腹部饰连续方形回纹，回纹内满饰红色网格纹，较好地体现了来自编织纹的几何图案规律化、规范化、连续性的特点，又有鲜明的层次感，反映出先民的空间想象能力及较高的审美水平。

马家窑文化（马厂类型，约公元前2300—前2000年）
高14.3厘米，口径6.6厘米，底径6.7厘米
甘肃省博物馆藏

## 回形三角纹彩陶豆

陶豆是马家窑文化遗址中常见器皿，三角纹也属于马家窑文化马厂类型彩陶的主要装饰图案之一。此件陶豆盘内以红、黑彩条带绘制了四个顶角相对的三角形，每个三角形内部构成回纹，并以最外的一条边与其他三角形的最外边连接，在盘底形成交点。整个纹饰规整、有序又具有韵律感。三角回纹应是漩涡纹或重瓣花卉纹的变形，体现了从具象到抽象的变革。

马家窑文化（马厂类型，约公元前2300—前2000年）
高7.3厘米，口径15.5厘米，底径7.2厘米
甘肃省博物馆藏

## 齿轮纹彩陶豆

陶豆盘内饰黑地红彩齿轮纹,豆身外侧素底,饰两条连弧纹黑彩条带。豆盘与豆柄之间亦饰有黑彩条带。齿轮纹在马厂类型的彩陶中尚不多见,圆圈均匀向内凹陷数处或向外有规律的凸出便形成齿轮图案,可见齿轮纹应是圆圈纹与外凸或内凹的弧纹结合的变形,不失为几何图案组合的尝试与创新,体现了先民认知水平的提高与观念的进步。

马家窑文化(马厂类型,约公元前2300—前2000年)
高8.5厘米,口径15.3厘米,底径7.15厘米
甘肃省博物馆藏

## 复道折线纹单耳筒状彩陶杯

　　单耳筒状杯是马厂类型彩陶中具有代表性的器形，大约在沿河西走廊向西北发展时吸收了游牧民族的文化特征。此件彩陶杯在红色陶衣上施黑彩，口沿内绘有连弧纹，口沿外饰以三条线组成的向上无尖连续三角折线纹。口沿与杯身由三条横线过渡，杯身主体绘有连续的顶尖向上复道三角折线纹，类似于山丘的抽象表达，亦是变体神人纹的前身，体现了先民思维的抽象化与概念化。

马家窑文化（马厂类型，约公元前2300—前2000年）
高19厘米，口径10厘米，底径10厘米
甘肃省博物馆藏

## 几何纹网纹双耳彩陶罐（4件）

以网格纹和条带为母题，是马厂类型彩陶独到的表现手法。这4件陶器器身由黑色粗条带构成主体图案，细密的网格纹填充其间，粗条带与细线条、大几何图形与小网格形成鲜明的对比。网格中亦偶尔夹杂各种几何图案，使得图案庄重而不呆板，体现出先民已经完美掌握了大小、疏密、粗细、浓淡等对比概念，具有较高超的审美水准。

### 几何纹网纹双耳彩陶罐

马家窑文化（马厂类型，约公元前2300—前2000年）
高20厘米，口径16厘米，底径7.5厘米
甘肃省博物馆藏

## 几何纹网纹双耳彩陶罐

马家窑文化（马厂类型，约公元前 2300—前 2000 年）
高 7.5 厘米，口径 10.5 厘米，腹径 13 厘米，底径 6.5 厘米
临夏市博物馆藏

第三单元　人与自然　天人合一

## 几何纹网纹双耳彩陶罐

马家窑文化（马厂类型，约公元前2300—前2000年）
高6.8厘米，口径3.6厘米，腹径8.3厘米，底径3.6厘米
临夏市博物馆藏

## 几何纹网纹双耳彩陶罐

马家窑文化（马厂类型，约公元前2300—前2000年）
高13厘米，口径5厘米，腹径15.5厘米，底径6.2厘米
临夏市博物馆藏

## 复线交叉纹单耳彩陶罐

齐家文化的有色陶器多以红陶为主,几何纹样是其主要装饰样式。此陶罐整体施红彩,颈部饰连续曲折纹,颈腹之间以三条平行纹过渡,每四条平行直线交叉形成数组贯穿腹部的"X"纹,每组"X"纹顶端相连。这种装饰形式不仅分层、分区,还在颈腹部各自以单、复线条形成二方连续纹样,规整中有变化,对比中达成统一,是先民巧妙运用单线、复线、平行、相交、折线、直线的纹样案例。

齐家文化(约公元前2200—前1700年)
高12.4厘米,口径8.4厘米,底径5.2厘米
甘肃省博物馆藏

## 六耳带盖彩陶罐

此件六耳带盖彩陶罐的盖、颈及腹部均有对称的两耳，同期的六耳罐大多为颈部四耳，腹部两耳，此罐的造型可谓独树一帜。罐通体施红彩，腹部有剥落红色颜料后形成的一圈凹凸纹，纹样有"三"字形、"彐"字形等，这可能是水波纹的变体，同时也标志着彩陶装饰纹样的高度符号化，体现了先民的认知结构向抽象化与观念化方向的发展。

四坝文化（约公元前1900—前1400年）
高18厘米，口径9.7厘米，底径6.5厘米
甘肃省博物馆藏

## 矛头形钮彩陶盖罐

这是一件典型的四坝文化彩陶罐，其特征在于矛头形钮和外壁几何纹装饰。除了单矛头形钮，还有双矛头形钮和三矛头形钮。四坝文化已进入青铜时代，随着铜器的使用，彩陶器盖上的钮制作成青铜矛头的形状。器盖及罐身皆饰红、黑彩，红褐色陶衣上以黑彩绘制宽竖条纹与平、斜线纹等，形成平行、交叉等图案，类似于树枝与叶脉图案的变形，结合器盖造型，也可以理解为矛和刀等武器形状的变体，反映了先民对于直线线条组合的娴熟运用，提供了以组合的几何图案表意的可能性。

四坝文化（约公元前1900—前1400年）
通高32.2厘米，盖高19.5厘米，口径14.6厘米，底径11.4厘米
甘肃省博物馆藏

## 团花菱格纹双耳彩陶罐

陶罐黑地红彩，红褐色锯齿纹条带组成四方连续菱形图案，菱形中间充斥圆形团花纹样。这种团花图案以交叉于圆心的数根线条作为花蕊或花瓣的示意，与象生性的写实花纹相比更富有装饰性，尤其与菱形的结合，产生一种正与斜的对比，在秩序、恒定、连绵之外增加了图案的丰富性与动感，更显得花团锦簇、雅致大方。

马家窑文化（半山类型，约公元前 2700—前 2300 年）
高 33.3 厘米，口径 17.5 厘米，腹径 32.5 厘米，底径 12 厘米
临夏市博物馆藏

## 折带纹"卍"字纹单耳彩陶壶

壶身黄泥胎上以红色条带形成大折带纹,"卍"字纹装点其间。壶颈上亦有红彩纹样。以俯视的角度看,器身上的折带纹宛如花瓣,壶颈处的纹饰类似于护花的叶片。这体现了马家窑文化时期的创作者对于花卉的理解及其对陶器使用角度的考虑,彩陶多放置于地,先民观看彩陶的视角经常是自上而下的。这种适应观者角度的巧思,体现了先民的艺术智慧。

马家窑文化(半山类型,约公元前2700—前2300年)
高22.8厘米,口径8.1厘米,腹径16.3厘米,底径9.1厘米
临夏市博物馆藏

## 折带纹彩陶壶（6件）

　　此组彩陶平视时，纹样主体为红、黑彩条带或复线条带组成的折带纹。从上往下看，器身上夸张的折带纹恰似盛开的花朵。空白处亦有连珠纹、"卍"字纹、连续的叶纹、寓意花朵的叠环纹等纹样。折带纹绘成花朵，不仅是工匠适应使用者角度的巧思，更意味着花卉纹样符号化程度的加深。

### 折带纹单耳彩陶壶

马家窑文化（马厂类型，约公元前2300—前2000年）
高26.9厘米，口径9.3厘米，底径12.4厘米
甘肃省博物馆藏

## 折带纹"卍"字纹单耳彩陶壶

马家窑文化（马厂类型，约公元前2300—前2000年）
高22厘米，口径7.2厘米，底径8.5厘米
兰州市博物馆藏

## 折带纹单耳彩陶壶

马家窑文化（马厂类型，约公元前2300—前2000年）
高21.7厘米，口径8厘米，底径8.2厘米
兰州市博物馆藏

第三单元　人与自然　天人合一

## 折带纹高低耳彩陶壶

马家窑文化（马厂类型，约公元前 2300—前 2000 年）
高 24 厘米，口径 8.5 厘米，底径 9 厘米
兰州市博物馆藏

## 折带纹单耳彩陶壶

马家窑文化（马厂类型，约公元前 2300—前 2000 年）
高 25.5 厘米，口径 9.5 厘米，腹径 23.5 厘米，底径 10.5 厘米
临夏市博物馆藏

## 折带纹双耳彩陶壶

马家窑文化（马厂类型，约公元前2300—前2000年）
高23厘米，口径10.3厘米，底径8.3厘米
甘肃省博物馆藏

## 几何纹农作物纹陶器（2件）

当人类对大自然的认识能力提高之后，随着制陶技术的发展，在彩陶纹饰中，源自生活的图像符号与象征符号同时发展起来。图案的概括性增强，在写实的基础上进行夸张变形，各种纹饰的组合也渐趋艺术化。这组彩陶便把写实的农作物纹与抽象的几何纹结合起来，形成了一种生动自然、布局优美、富有韵律的美感，如"V"字纹可能反映田间作物初生的情况。

### 方格纹"V"字纹彩陶罐

齐家文化（约公元前 2200—前 1700 年）
高 13.8 厘米，口径 14 厘米，底径 8 厘米
甘肃省博物馆藏

## 几何纹彩陶罐

卡约文化（约公元前900—前600年）
高27厘米，口径13.5厘米，底径8.5厘米
甘肃省博物馆藏

## 回纹水波纹双耳彩陶壶

陶壶主体装饰为水波纹与菱形回纹的组合，菱形回纹由复线组成四方连接的形式，下绘波浪纹。以波浪线表示水波，是用写意的手法去表现自然物，具有更深刻内在的艺术生命力。整器的图案形成直线与曲线的对比，闭合与开敞的对比，增强了构图的动态感，丰富了彩陶的内涵。

马家窑文化（马厂类型，约公元前2300—前2000年）
高39.5厘米，口径14厘米，底径12厘米
甘肃省博物馆藏

## 几何纹变体鱼纹彩陶器（3件）

　　鱼纹是彩陶器最为常见、流传最久的装饰母题之一。我们可以从彩陶上看到从写实鱼纹发展为几何形纹的完整序列。鱼头三角形，或由于张嘴含物变成了正方形；鱼眼、鱼身，以夸张的圆形、网格纹（代表鱼鳞）、线纹表示，直至慢慢简化至无，只能从尾、鳍部分来辨认鱼的形迹。最终鱼纹经过简化与抽象，成为菱形、三角形等几何纹样。鱼纹的变迁反映了彩陶图案从具象到意象乃至抽象的发展过程，也展示了人对自然形象的认识深化而加以提炼概括，最终形成固定符号的过程。

### 几何纹变体鱼纹彩陶盆

大地湾四期文化（约公元前3500—前3000年）
高16厘米，口径29厘米，底径10.5厘米
甘肃省博物馆藏

## 几何纹变体鱼纹彩陶豆

马家窑文化（马家窑类型，公元前3000—前2700年）
高13厘米，口径25厘米，底径13.1厘米
甘肃省博物馆藏

第三单元　人与自然　天人合一

## 几何纹变体鱼纹彩陶罐

马家窑文化（马厂类型，约公元前2300—前2000年）
高14厘米，口径8.5厘米，底径6厘米
甘肃省博物馆藏

## 双钩纹太阳纹彩陶罐

在辛店文化彩陶装饰中，最具特色的是以上卷的对称条带纹构成的似羊角的纹饰，称之为双钩纹。加粗的条带夸张地突出了羊的双角，是对羊的特征的高度提炼。此陶罐饰有双钩羊角纹与太阳纹、蜥蜴纹等，在阿富汗、巴基斯坦史前文明中也有同类组合形纹饰，这说明了人类的艺术审美都是源于对自身赖以生存的自然环境的认知。

辛店文化（约公元前1400—前800年）
高24.5厘米，口径14×12.4厘米，底径4厘米
甘肃省博物馆藏

第三单元　人与自然　天人合一

## 双钩纹彩陶器（9件）

双钩纹突出羊的双角，忽略其他部分，这种"以局部代整体"的抽象纹样成了羊的指代符号，同样的手法也出现在对其他动物的描绘之中。这些抽象的动物纹样又与其他抽象符号组合，演变成更为抽象的符号，形成了彩陶上以程式化的方式定格下来的表意纹样。在彩陶纹样的绘制中，发展出越来越精炼的高度概括能力，为象形文字的产生奠定了基础。

### 双钩纹彩陶罐

辛店文化（约公元前1400—前800年）
高29厘米，口径12.7厘米，底径9厘米
甘肃省博物馆藏

## 双钩纹彩陶罐

辛店文化（约公元前1400—前800年）
高25.5厘米，口径14厘米，底径8厘米
兰州市博物馆藏

## 双钩纹牛纹彩陶鬲

辛店文化（约公元前1400—前800年）
高21.6厘米，口径17厘米
甘肃省博物馆藏

## 双钩纹羊纹彩陶罐

辛店文化（约公元前 1400—前 800 年）
高 38.5 厘米，口径 18.5 厘米，底径 13 厘米
兰州市博物馆藏

## 双钩纹鸟纹彩陶罐

辛店文化（约公元前1400—前800年）
高31.5厘米，口径16.3厘米，底径8厘米
甘肃省博物馆藏

## 双钩纹太阳纹彩陶罐

辛店文化（约公元前 1400—前 800 年）
高 23.8 厘米，口径 11.8 厘米，底径 7 厘米
甘肃省博物馆藏

第三单元　人与自然　天人合一

## 双钩纹三足彩陶罐

辛店文化（约公元前 1400—前 800 年）
高 20 厘米，口径 11 厘米
兰州市博物馆藏

## 双钩纹彩陶罐

辛店文化（约公元前1400—前800年）
高25厘米，口径12厘米，底径7厘米
兰州市博物馆藏

第三单元　人与自然　天人合一

## 双钩纹彩陶罐

辛店文化（约公元前1400—前800年）
高36厘米，口径16厘米
兰州市博物馆藏

## 蜥蜴纹彩陶豆

蜥蜴是一种静如处子、动如脱兔的陆生动物，其形象也出现在彩陶纹饰主题中。早期蜥蜴纹多为写实的单独纹样，头为长圆形或菱形，身子为菱形。晚期蜥蜴纹的变体样式很多，有的只表现上半身；有的将两组以上的蜥蜴纹复合在一起，构成连续的有着多对爪指的变体蜥蜴纹；有的将连续蜥蜴纹的爪指省略，成为抽象的连续菱形纹，从中可以看出蜥蜴纹由具象到抽象的发展过程。蜥蜴纹在甘肃中部和西部的古文化彩陶上陆续延用了上千年。

四坝文化（约公元前1900—前1400年）
高9.8厘米，口径18厘米，底径8厘米
甘肃省博物馆藏

第三单元　人与自然　天人合一

# 02

## 原始的信仰

性通灵，物敬神。彩陶上的神人纹、太阳纹、人面纹以及各种陶塑非常直观地反映了早期先民的信仰，那是一种质朴的带有原始信仰色彩的敬畏之心，是先民最主要的精神支柱，透过彩陶纹饰，可窥一斑。如既像蛙纹又似人纹的神人纹、人面鲵鱼纹等都是先民原始信仰中形态互换、灵魂互通理念的真实写照。特别是神人纹，神具有人的形体特征，是早期先民在对祖先崇拜中产生的神人观念。神人纹的出现也是农业相对发达的结果，先民祈求神灵和祖先保佑丰产丰收。

## 人面纹彩陶器（3件）

这组彩陶器主要呈现马家窑文化中的人面纹。第一件为陶瓶残件，人面纹绘于颈口。第二件为陶钵，敛口，宽腹，人面纹绘于腹内上壁。这两件人面纹特征明显，圆脸，额部有三角纹，双眼圆睁，彩陶瓶更以钮为鼻，十分形象。第三件为陶豆，外壁绘水波纹，器内画人面纹。人面纹的出现体现出先民在朴素原始的信仰之外，萌生了对人格神的祖先崇拜，从蒙昧走向觉知。

### 人头形彩陶瓶器口

马家窑文化（马家窑类型，约公元前3000—前2700年）
高7厘米，口径12厘米
甘肃省博物馆藏

## 人面纹彩陶钵

马家窑文化（半山类型，约公元前 2700—前 2300 年）
高 9 厘米，口径 16.5 厘米，底径 6 厘米
甘肃省博物馆藏

## 人面纹双耳彩陶豆

马家窑文化（马家窑类型，约公元前3000—前2700年）
高13.6厘米，口径24.1厘米，足径12.1厘米
甘肃省博物馆藏

第三单元　人与自然　天人合一

## 人首形彩陶器（2件）

这两件人首形彩陶一件抽象，一件写实。抽象的这件仅用黑色线条勾勒出人首眼睛、面部妆容及嘴巴。写实的这件面部呈圆形，半圆形大耳，中间穿孔，两眼及嘴巴以刻画的沟槽形式表达，鼻子堆塑而成，眉毛、双眼、头发及嘴的轮廓用细线勾画，形象生动。这是当时先民妆容的真实反映，可能与祭祀有关。

### 彩陶人面像

马家窑文化（马家窑类型，约公元前3000—前2700年）
残长6厘米，宽3厘米
甘肃省博物馆藏

## 彩陶人俑首

马家窑文化（马厂类型，约公元前 2300—前 2000 年）
面长 6.5 厘米，宽 6.5 厘米，头顶至后颈长 5.5 厘米
临夏市博物馆藏

## 神人纹双耳彩陶壶

这件双耳彩陶壶纹饰精美，是马家窑文化神人纹的典型器物。以大圆圈代表头部，内填方格纹，上下肢向上折曲，肢端有数目不等的指爪。神人纹常被理解成"人形"正在撒播种子，可能是一种具有农神性质的纹样，它的出现是农业相对发达的结果，是人们庆祝丰收的喜悦，也是祈求神灵和祖先保佑丰产丰收的期许。

马家窑文化（马厂类型，约公元前2300—前2000年）
高30.5厘米，口径9.5厘米，底径11厘米
兰州市博物馆藏

## 神人纹彩陶器（10件）

　　这组彩陶器形种类多样，有罐、壶、钵、盆等日用容器，呈现的是马家窑文化中最具特色与精神特质的神人纹。纹饰主要绘制于器表上半部，纹样类型基本一致，由具象的人的形象向抽象逐步发展；以大圆圈代表头部，内填各种纹饰，上下肢向上折曲。之后，头部大多被完全省略，有的四肢由顺向演变为反向呈直角曲折，最后演化成三角折带纹。神人纹的演变清晰地展现了早期先民由具象到抽象的审美发展观，神与人同形的特征可以看出在早期先民的观念中神是人们观念的产物，体现了朴素的灵魂互通思维，具有明显的原始信仰色彩。

### 神人纹双耳彩陶壶

马家窑文化中晚期（半山－马厂类型，约公元前2700—前2000年）
高15.7厘米，口径5.5厘米，底径8.2厘米
甘肃省博物馆藏

## 神人纹彩陶钵

马家窑文化（马厂类型，约公元前 2300—前 2000 年）
高 12.5 厘米，口径 23.2 厘米，底径 9.5 厘米
甘肃省博物馆藏

## 变体神人纹双耳彩陶壶

马家窑文化（马厂类型，约公元前 2300—前 2000 年）
高 29.7 厘米，口径 9.9 厘米，底径 10.3 厘米
甘肃省博物馆藏

## 变体神人纹双耳彩陶壶

马家窑文化（马厂类型，约公元前2300—前2000年）
高38厘米，口径11.3厘米，底径10厘米
甘肃省博物馆藏

## 变体神人纹双耳彩陶罐

马家窑文化（马厂类型，约公元前2300—前2000年）
高22.5厘米，口径12.5厘米，底径7厘米
甘肃省博物馆藏

第三单元　人与自然　天人合一

## 变体神人纹双耳彩陶壶

马家窑文化（马厂类型，约公元前 2300—前 2000 年）
高 26.1 厘米，口径 13.6 厘米，底径 9.3 厘米
兰州市博物馆藏

## 变体神人纹双耳彩陶壶

马家窑文化（马厂类型，约公元前2300—前2000年）
高34厘米，口径11.3厘米，底径10厘米
兰州市博物馆藏

## 变体神人纹双耳彩陶壶

马家窑文化（马厂类型，约公元前2300—前2000年）
高39.6厘米，口径14.2厘米，底径11厘米
兰州市博物馆藏

## 变体神人纹双耳彩陶壶

马家窑文化（马厂类型，约公元前2300—前2000年）
高45.5厘米，口径16厘米
天水市麦积区博物馆藏

第三单元　人与自然　天人合一

## 变体神人纹双耳彩陶壶

马家窑文化（马厂类型，约公元前2300—前2000年）
高28.5厘米，口径10.5厘米，腹径22厘米，底径8厘米
临夏市博物馆藏

## 舞蹈纹双耳彩陶瓶

这件彩陶瓶为日用容器，器形硕大，造型优美，颈部及上腹部绘有平行线纹，线纹中间绘有三人舞蹈图，以单色平涂手法表现出类似剪影的效果，人物造型简练明快，生动活泼，似踩着节拍在翩翩起舞，是早期先民生活场景的生动再现，对于了解早期先民的生活，探索原始舞蹈起源、发展、艺术特征等方面都具有重要的参考价值。同时，也折射出了早期先民审美思想的进步与生活情趣。

马家窑文化（马家窑类型，约公元前3000—前2700年）
高38厘米，口径9.5厘米，底径9.5厘米
兰州市博物馆藏

## 靴形彩陶器（2件）

　　这组靴形陶器，器形奇特，形象写实。靴形足陶罐上部为一双耳圆腹罐，下部接一人形双足，双足硕大，足尖明显，施黑彩。靴形陶杯夹沙红陶质，侈口，平底，尖足，俨然一只能够穿着的靴子，生动写实，为我国古代先民服饰文化研究提供了宝贵的实物资料，同时也证实了短靴不只是在北方草原地带出现，在甘肃地区的古代先民服饰中也早已出现。

### 绳纹靴形足彩陶罐

齐家文化（约公元前2200—前1700年）
高14.4厘米，口径7.7厘米
甘肃省博物馆藏

## 靴形陶杯

寺洼文化（约公元前1400—前1100年）
高7.2厘米，口径6.6厘米，底径8.5厘米
甘肃省博物馆藏

## 陶盉（2件）

这两件陶盉为细泥红陶，阔颈，溜肩，鼓腹，腹以下内收，平底。一侧置短流，另一侧置宽柄。器物造型稳重、大气、美观，既是一件实用的温酒器，又是一件精美的陶塑艺术品。红陶盉的出现表明酿酒业在齐家文化时期已经发展到一定程度，更说明了先民已开始把朴素的审美观融入现实器物中，承载了华夏文明器以载道的朴素哲学观。

### 鸮面陶盉

齐家文化（约公元前2200—前1700年）
高16.7厘米，口径5.8厘米，底径7.8厘米
甘肃省博物馆藏

陶盉

齐家文化（约公元前 2200—前 1700 年）
高 20 厘米，底径 5.5 厘米
兰州市博物馆藏

## 几何纹犬钮陶盖罐

这件彩陶盖罐圆肩，鼓腹下收，小平底，腹部两侧各有一小耳，器盖绘有几何纹，下部侈口，犬钮，在马家窑彩陶中带盖的器物非常少见，因而弥足珍贵。犬钮的出现，直观地反映出早期先民对家畜的畜养情况，也从侧面印证了早期先民对动物图腾的崇拜和审美意识的觉醒。

马家窑文化（马厂类型，约公元前2300—前2000年）
高14.8厘米，口径 6.3厘米
兰州市博物馆藏

## 彩陶鼓（5件）

陶鼓也叫土鼓，"土鼓，乐之始也"。陶鼓的起源应始于原始部落的乐舞、征战、狩猎等大型活动，后演变为与祭祀有关，用音乐和舞蹈来娱神和祭祀祖先，表达喜悦，祈盼收成。前4件器形相似，一端为小敞口，另一端为喇叭形大口，鼓身圆桶状，中空。喇叭形口沿外有一圈乳状突起，当为固定鼓皮之用。大小两口外各有一环形耳，应是栓系绳索便于携挎。施红、黑彩。第5件器形略呈倒锥形，鼓面中心有小孔，鼓面边缘装饰捏塑泥条。

### 几何纹彩陶鼓

马家窑文化（马家窑类型，约公元前3000—前2700年）
高37厘米，大口径22厘米，小口径12厘米
甘肃省博物馆藏

第三单元　人与自然　天人合一

## 平行线纹彩陶鼓

马家窑文化（半山类型，约公元前 2700—前 2300 年）
高 27 厘米，大口径 17.2 厘米，小口径 7.5 厘米
兰州市博物馆藏

## 圈旋纹彩陶鼓

马家窑文化（半山类型，约公元前2700—前2300年）
高30厘米，大口径22.5厘米，小口径9厘米
兰州市博物馆藏

第三单元　人与自然　天人合一

## 网纹彩陶鼓

马家窑文化（马厂类型，约公元前 2300—前 2000 年）
高 40 厘米，大口径 26 厘米，小口径 10 厘米
兰州市博物馆藏

## 贴塑水波纹陶鼓

齐家文化（约公元前 2200—前 1700 年）
高 14.3 厘米，鼓面直径 24 厘米，底径 10 厘米
甘肃省博物馆藏

## 戳印几何纹陶铃

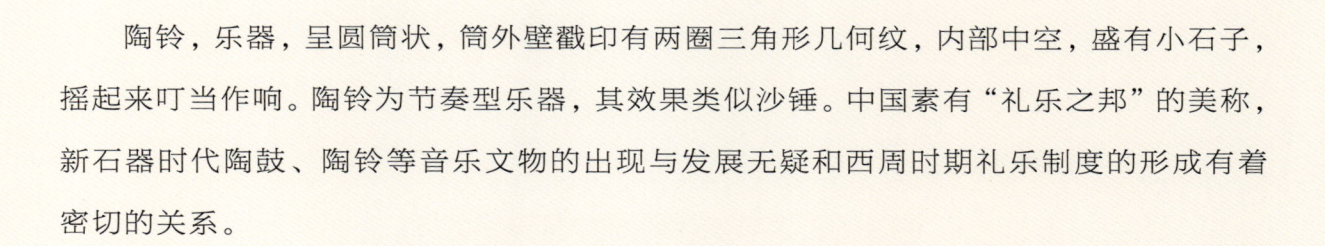

　　陶铃，乐器，呈圆筒状，筒外壁戳印有两圈三角形几何纹，内部中空，盛有小石子，摇起来叮当作响。陶铃为节奏型乐器，其效果类似沙锤。中国素有"礼乐之邦"的美称，新石器时代陶鼓、陶铃等音乐文物的出现与发展无疑和西周时期礼乐制度的形成有着密切的关系。

齐家文化（约公元前2200—前1700年）
高5.3厘米，直径6厘米
甘肃省博物馆藏

图十　马厂类型四大圈纹双耳彩陶壶　天水市麦积区博物馆藏

通过"水的形态"的分组分类展示，观众可一目了然地看到彩陶上的各种水纹以及不同形态的水纹的发展演变过程，直至最后发展为四大圈纹。大圆圈里面描绘了各种抽象的几何图案（图十一），反映了先民丰富的想象力和高度概括事物的抽象思维能力。从而，观众可以深切地感受到先民从师法自然到融入自己的思想和情感，源于自然而又超越自然的发展过程。这恰恰也是人类成长的过程。

图十一　马厂类型四大圈内图案

研究与探索

本次展览的展品纹饰演变解读均能体现出先民在繁衍生息过程中抽象思维能力的提升，反映了先民的创新能力和开创精神。以鱼纹为例，从甘肃东部的考古资料来看，仰韶文化彩陶上以单独纹样样式出现的鱼纹延续时间较长，有完整的发展序列。本次展览的鱼纹展品完美地诠释了鱼纹从模仿大自然中的鱼类形象到向写意发展，最后演变为几何纹的过程（图十二）。[①]其中，鱼头的变化很显著，鱼头外形由不规则的自然形概括为几何形。在着意追求对称的美学效果下，将鱼头简化为三角形，鱼身上下的鳍也由原来不对称的自然形演变为对称的几何形图案。这开创了中式美学对称美的先河。自此，对称美的审美开始融入中华民族的血液中，成为一脉相承数千年的强大文化基因。

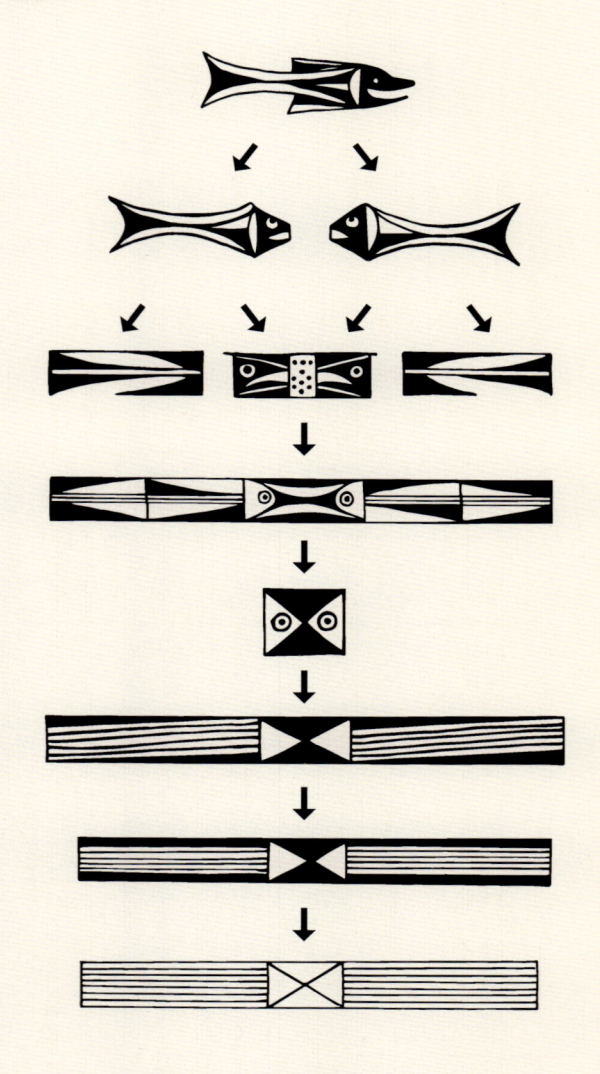

图十二　鱼纹演变图

---

[①] 张朋川：《中国彩陶图谱》，文物出版社1990年版，第156页。

对于缺乏展品支撑演变过程的纹饰，我们采用演变线图和文物图片相结合的方式进行辅助展示，力求让观众看懂。以鲵鱼纹为例。本次展品中有3件变体鲵鱼纹，均为仰韶文化晚期纹饰，其中有两件是彩陶壶（图十三）、一件彩陶罐（图十四）。我们参考《中国彩陶图谱》一书的研究成果。该书以考古分期为依据，结合彩陶器形的演变，呈现了鲵鱼纹演变发展过程。我们采用此书中的鲵鱼纹演变图（图十五）[1]，同时配上仰韶文化中期的鲵鱼纹彩陶瓶（图十六）作为辅图呈现给观众。观众便可清楚地了解鲵鱼纹从具象到抽象的演变过程，由此可更好地理解和识别彩陶上的变体鲵鱼纹。

图十三　石岭下类型变体鲵鱼纹彩陶壶　　　　　图十四　石岭下类型变体鲵鱼纹双耳彩陶罐
　　　　　兰州市博物馆藏　　　　　　　　　　　　　　　天水市麦积区博物馆藏

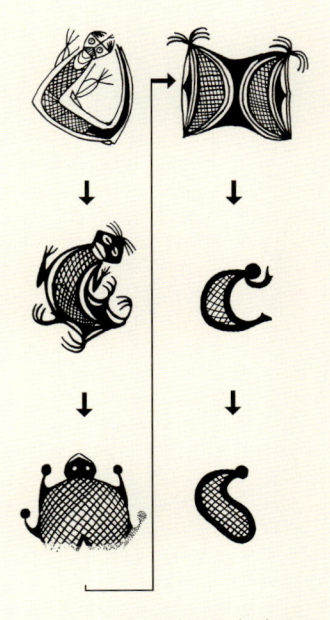

图十五　鲵鱼纹演变图　　　　　　　　　　　　图十六　庙底沟类型鲵鱼纹彩陶瓶
　　　　　　　　　　　　　　　　　　　　　　　　　　　甘肃省博物馆藏

① 张朋川：《中国彩陶图谱》，文物出版社1990年版，第168页。

研究与探索　235

对于学术界存在分歧的纹饰，我们通过研究，采用纹饰发展演变脉络清晰且与展览相符的文物，并配以辅助版面进行解读，让观众看明白其来龙去脉。以神人纹展品为例。本次展览展出了10余件神人纹彩陶器，从具象的神人纹到变体的神人纹，再到几何化的三角折带纹均有。神人纹是马家窑文化中晚期彩陶代表性纹饰之一，学术界有两种主要观点：一种认为是神人纹，另一种认为是蛙纹。我们采信了神人纹这一观点，理由有三：其一，彩陶研究大家张朋川依据考古分期和器形的演变，绘制了彩陶神人纹的演变过程（图十七）[1]，并加以阐释：半山早期的神人纹描绘比较具体，较接近于人的形象；半山晚期则变得较为抽象，以大圆圈代表头部，内填各种纹饰，上下肢向上折曲；马厂时期，头部大多被完全省略，有的四肢由顺向演变为反向呈直角折曲，进而将代表身体的宽带也省略，简化为肢爪纹，最后演化成三角折带纹。这一演变过程与展览展品所呈现出的纹饰演变过程吻合；其二，新石器时代岩画上的神人纹与马家窑彩陶上的神人纹颇为相似。自马家窑文化中期起，彩陶壶和罐上开始出现神人纹形象。神人的头为圆形，双手扬举，双腿叉开，作撒种状，这是神人纹在彩陶上的早期形态（图十八）。内蒙古乌兰察布新石器时代岩画所呈现出来的神人纹也是头为圆形，双手张开，双腿而立的形象（图十九）。[2]这说明具有如此特征的神人形象不仅出现在彩陶上，而且刻入岩画中，当是神人纹；其三，从人类文明进程来看，神人纹的出现是农业相对发达的结果。马家窑文化处在新石器时代晚期，正是陇原大地农业文明发展到一定高度的时期，先民已经从食物采集者转变为食物生产者，农作物成为他们赖以生存的食物来源。正因如此，先民渴望农业神保佑农作物丰收。这促使他们对图腾的崇拜转化为对祖先、氏族英雄等人格神的崇拜，便出现了神与人同形的神人形象。半山类型彩陶上出现神人纹与人类文明发展规律相符。先民开展祭祀活动，击鼓摇铃（本次展品中有数件彩陶鼓和陶铃），巫师率众而舞（本次展品中有一件舞蹈纹彩陶瓶），祭祀祖先和神人，祈求他们的庇护，驱邪避灾，祈盼农业丰产。

---

[1] 张朋川：《中国彩陶图谱》，文物出版社1990年版，第152页。
[2] 张安治：《中国美术全集·绘画编1·原始社会至南北朝绘画》，人民美术出版社1986年版，第10页。

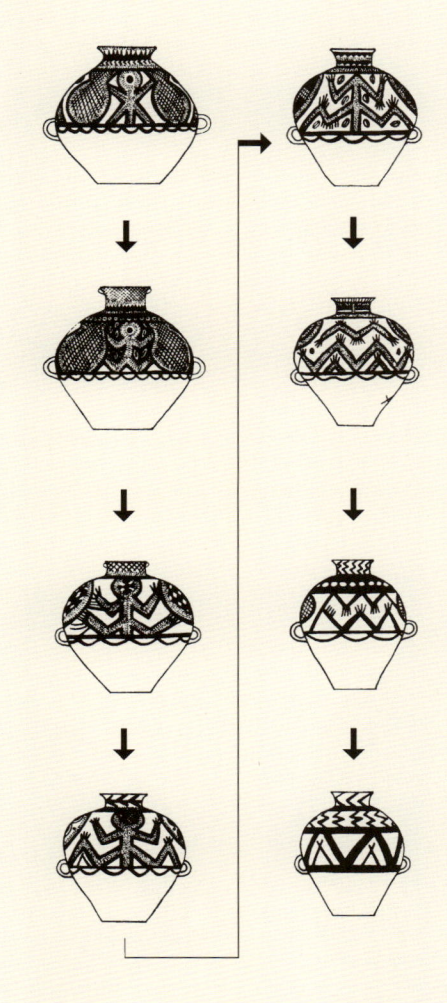

图十七　神人纹演变图

图十八　半山类型神人纹彩陶壶
　　　　会宁县博物馆藏

图十九　乌兰察布新石器时代岩画神人纹

研究与探索

对于抽象化的几何纹，我们通过多视角进行解读，让观众了解先民所传递的丰富信息。以描绘在彩陶器腹部的折带纹为例，本次展览展出了7件以折带纹为主体纹饰的几何纹彩陶壶。新石器时代，彩陶多放置于地上，先民平视彩陶壶时，纹样为红、黑彩带或复线彩带组成的折带纹；从上往下俯视时，环绕腹部的折带纹恰似一朵绽放的花朵，美妙动人（图二十）。平视为几何纹，俯视则为花卉纹，完美展现了先民依据使用习惯和观看视角创造性装饰彩陶的巧思。我们解读的理念是让观众回到先民的视角，视角不同则纹饰不同，从而明白几何纹抽象表达的不同内涵和不一样的美感，体会先民的艺术智慧。我们希望通过对几何纹组合图案的解读，使观众自发地钦佩先民的抽象思维能力和多视角构图能力，在潜移默化中增强文化自信。

图二十　半山类型折带纹彩陶壶　甘肃省博物馆藏

此外，我们还尝试着从文化人类学的视角解读彩陶纹饰，比如对各种形态的菱格纹和方格纹的阐释。上文已解读，在甘肃彩陶上绘有波光粼粼的水面和静静流淌的水流纹饰。在这些纹饰中常见有各种形状的网格纹，如葫芦形、菱形、长条形和三角形等。我们知道，新石器时代晚期是装饰艺术空前繁荣的时代，装饰艺术又与人们的生活息息相关。那么，这些网格纹画面一定表达了特定的内涵，而不仅是几何纹本体。考虑到网格纹与水纹经常出现在同一画面中，加之先民临水而居的生活，我们认为各种形状的网格纹所要表达的很可能是先民用渔网捕捞水中生物时所呈现出来的不同形态。有趣的是，我们在本次展览展出的彩陶器上发现了渔网中有抽象鱼纹的画面（图二一）。这不仅证实了我们的观点，而且反映了先民的渔猎生活。

图二三　展厅效果图

# 甘肃马家窑文化彩陶常见纹饰及演变

甘肃省博物馆 贾建威

黄河是中华文明的主要摇篮之一，甘肃是黄河文明的重要发祥地。甘肃新石器时代文化以丰富的彩陶为特征，从距今约 8000 年的大地湾文化出现我国迄今最早的彩陶，历经仰韶文化、马家窑文化、齐家文化、四坝文化、辛店文化、沙井文化等，延续 5000 多年，构成了一部完整的彩陶发展史。特别是马家窑文化的彩陶，达到了彩陶艺术的巅峰，代表着中国彩陶艺术灿烂辉煌的成就。

## 一、发现和分布

马家窑文化是黄河上游新石器时代晚期文化，因 1924 年首次在甘肃省临洮县马家窑村发现而得名，年代约为距今 5000—4000 年。经历了马家窑、半山和马厂三个连续发展的文化类型，从距今约 5000 年开始到约 4000 年结束，持续时间长达 1000 多年。马家窑遗址位于甘肃省临洮县洮河西岸的马家窑村麻峪沟口。1988 年临洮马家窑遗址被国务院公布为第三批全国重点文物保护单位，2001 年被评为 20 世纪中国百项考古大发现之一。

马家窑文化，主要分布在黄河及其支流洮河、大夏河、湟水流域，以甘肃中南部陇西黄土高原为中心，东至渭河上游，西到河西走廊和青海省东北部，北达宁夏自治区南部，南抵四川省北部。马家窑类型主要分布在甘肃东部、中部和青海东北部、宁夏南部地区的泾、渭水上游，白龙江、湟水、洮河、庄浪河和清水河流域。半山类型分布范围基本与马家窑类型相同，但已逐渐西移。马厂类型的分布则更为向西。

马家窑文化是一个具有地方特征、独立性很强的文化系统，通过大量的考古发掘和研究，我们认为马家窑文化是受仰韶文化的影响在黄河流域形成和发展起来而逐渐向西扩展的。马家窑文化出现时间较早，同仰韶文化联系比较密切的马家窑类型，其发展移动方向是自东部到中部，半山、马厂类型遗存自中部向西部延伸到了河西走廊的西端。

马家窑文化制陶业非常发达，其彩陶继承了仰韶文化庙底沟类型彩陶爽朗的风格，但表现更为精细，形成了绚丽而又典雅的艺术风格，比仰韶文化有进一步的发展，艺术成就达到了登峰造极的高度。陶器大多以泥条盘筑法成型，陶质呈橙黄色，器表打磨得非常细腻。在很多马家窑文化遗存中，还发现有窑场和陶窑、颜料以及研磨颜料的石板、调色陶碟等制陶工具。马家窑文化的彩陶，早期以纯黑彩绘花纹为主；中期使用纯黑彩和黑、红二彩相间绘制花纹；晚期多以黑、红二彩并用绘制花纹。马家窑文化的制陶工艺已开始使用慢轮修坯，并利用转轮绘制同心圆纹、弦纹和平行线等纹饰，表现出娴熟的绘画技巧。彩陶的大量生产，说明这一时期制陶的社会分工早已专业化，出现了专门的制陶工匠。彩陶业发达是马家窑文化显著的特点，在我国发现的所有彩陶文化中，马家窑文化的彩陶量比例最高，达到70%左右，而且它的内彩也特别发达，图案的时代特点十分鲜明。从20世纪50年代末开始，随着大量新出土材料的积累，马家窑文化彩陶的研究，越来越受到中外学界的关注，逐渐成为史前文化研究中的一大热点。

## 二、彩陶纹饰及装饰部位

彩陶上的图案纹样表达的是氏族部落共同体的文化意识，带有一定的神秘色彩。彩绘的出现，一方面是为了满足早期人类的精神需要，另一方面也是人类经过社会实践认识自然的产物。艺术源于生活，新石器时代彩陶的产生和发展也不例外地遵循了这一规律。图案纹饰表现的内容与生活息息相关。

由于马家窑文化主要分布在黄河上游及其支流的两岸，所以在彩陶图案上反映出了黄河奔流不息、涡深流急、波涛汹涌的气势。马家窑类型的彩陶内彩特别发达，多装饰在盆、钵内，以漩涡纹和水波纹为主。彩陶图案布局合理，图案与器物造型完美地结合在一起，装饰部位根据器形的不同和用途的不同而变化，彩陶上的图案和装饰部位，是由当时人们对生活环境的认识和生活习惯所决定的，当时人们都是席地坐卧，生活用品也都置于地面，通常看到的这些器物部位也是上半部分，所以彩陶的装饰部位一般都在器物的上腹、肩部或器内，其装饰部位也反映了它的实用性，这表明马家窑文化的彩陶是生活实用品。大型壶、罐类器物图案分层排列，一般装饰在肩和上腹部，颈部饰辅助花纹；盆、碗类花纹主要在器物内和口沿下；小型器物往往通体布满纹饰。马家窑类型的彩陶图案绘制，采取了以点定位的方法，图案中的点犹如河水的浪花，象征着河流波涛起伏，奔涌向前。彩陶从最初产生开始，就带有鲜明的实用功能。彩陶艺术是随着农业定居生活和生产技术的提高而发展的，器形由单一变为多样，纹饰由简单变为复杂，制作工艺由捏制发展到轮制，这一过程也是人们认识自然、改造自然的生活实践过程。

## 三、马家窑文化主要纹样及其演变

### 1. 漩纹

漩纹在马家窑类型时即已出现，很快便发展成为这一时期的代表性纹饰，也是半山类型时期的主要纹饰之一。漩纹一般是以四个旋心为多（图一），个别的有六个或更多，漩纹均作逆时针方向旋转。半山类型时期漩纹成为主要花纹，发展得更为成熟。旋心由多道黑色锯齿带和红带相间线条或宽带连接，组成二方连续的图案，更增加了旋动视觉效果。若俯视这些漩纹，能使人产生一种晕眩感，器物的口部又像一个大的漩涡（图二）。这种以流畅的线条绘出的动感强烈的漩纹，像黄河浪涛的千姿百态，凝聚在奔流不息的旋动中（图三）。

图一　　　　　　　　　　图二　　　　　　　　　　图三

马家窑类型早期的漩纹，旋心很小，多四方连续，无附加纹饰，结构简单，旋心内饰圆点。

半山类型早期的旋心较小，旋心之间有二、三条旋线连接（图四）。半山类型中期旋心扩大，旋心中饰有十字纹、三角纹、圆点纹等花纹。半山类型晚期的漩纹，层次变得复杂，以四个旋心为中心，旋线简单，旋心变得更大，内饰各种精细、复杂的花纹，有斜十字纹、网纹、圆点纹、叶形纹、斜方格纹、"米"字纹等。半山类型晚期以四大圈为旋心的漩纹，逐渐发展为马厂类型的四大圆圈纹，连接四大圆圈的漩纹消失（图五）。半山类型与马厂类型主体漩纹的区别仅在于有无旋线连接四大旋心。从这一点也可看出它们之间的继承关系。

图四　　　　　　　　　　图五

漩纹一般装饰在大型器物壶、罐的主要部位——肩到腹部，有的盆、钵内彩也装饰此纹。漩纹有简有繁，有的仅画一组二方连续的单线条漩纹。

## 2. 四大圆圈纹

马厂类型最具代表性的典型纹饰，是由半山类型的漩纹演变而来，由四大圆圈组成。四大圆圈纹主要装饰于大型壶、罐的上腹部，先用红色带绘四大圆圈，内外绘黑色带圈，圆圈内填以各种各样的几何纹，常见的有网格网线纹、菱格纹、斜方格纹、三角纹、折线纹、十字纹、圆点圆圈纹、回形纹和肢爪纹等图案。这种装饰手法为以后瓷器上的图案开创了先河。

早期的四大圆圈排列紧密，圆圈用黑、红复彩绘制，非常规整，内圈为红色带圈，外加一至三圈黑色带圈，圆圈之间上下的空白处用黑色三角弧线填充（图六）。晚期四大圆圈用黑色绘制，圆圈画得草率不规整，构图简单，表现出一种衰退现象。

图六

## 3. 锯齿纹

最早出现在马家窑类型中晚期，流行于半山类型时期，结束于马厂类型早期（图七）。马家窑类型的锯齿纹锯齿大而疏朗，呈大三角状，为单一的黑彩，多装饰于壶的颈部。半山

类型的锯齿纹，为黑、红复彩，以红色线条勾勒花纹主框架，两侧再配以黑色线条，红、黑线条之间有一定的间隙，在黑色线条上面向红色的一侧绘锯齿纹。半山类型早期的锯齿纹规整，锯齿开始变小，齿间的夹角较大；半山类型中期，齿间夹角变小，锯齿窄长，齿尖锋利，锯齿斜向一侧；到半山类型晚期锯齿变得细小密集，齿尖变得较钝。到马厂类型时期，锯齿纹已很少使用，锯齿排列稀疏、粗大，普遍绘制草率，

图七

只有个别的较规整，多为黑色单彩。

### 4. 葫芦网纹

半山类型的典型纹饰之一，是葫芦纹与网纹相结合的一种复合纹饰，大量见于花寨子遗址，一般由四组或六组束腰葫芦形纹组成，相互对称，葫芦口一般向上，个别的向下。葫芦网纹大多数用黑、红复彩绘制，先用红色绘葫芦轮廓，外绘黑色锯齿带纹，内填细密整齐的网纹，葫芦之间用锯齿纹或其他几何纹分隔。

早期的葫芦形束腰不明显，中间两侧微内收（图八），到中期葫芦形的下半部逐渐变大，晚期的葫芦形束腰明显，下部的圆形变得更大（图九）。

网纹也是马家窑文化彩陶上常见的纹饰，在马家窑类型彩陶中时常以主体纹饰出现，到半山类型时多与其他纹饰组成复合纹饰。马厂类型时期网纹使用率也较高，但构图较松散。

图八　　　　　图九

### 5. 菱格纹

半山类型彩陶的主要纹饰，由相互连续排列的菱形格组成，一般绘于壶、罐的上腹部。半山类型时期的菱格纹有单层横向排列、多层排列和上下交错排列几种形式。绘制技法为以连

续的红色菱形为内边，再绘带锯齿纹的黑色菱形框架，内填圆点纹、网纹、十字纹等（图十、十一）。早期的菱格纹较大，多为主体纹饰；晚期的变小，往往在菱格内填充网纹或涂黑，而且逐渐变为辅助纹饰。马厂类型时期菱格纹出现得较多，风格为半山类型时期的延续，红、黑复彩的较少，多为黑色单彩，横向多层排列，内填网线纹，有的全部涂黑。

图十　　　　图十一

**6. 垂弧纹**

半山类型时期出现的纹样，使用率较高，由多层向下弯垂的连续弧形带纹组成。早期为单线垂弧，是由马家窑类型的水波纹发展而来，为辅助纹饰，一般装饰在壶、罐类器物的腹部，主体图案的下沿一周。半山类型中期，垂弧纹绘制最为精细，多以红、黑复彩构成多层垂弧，每层一般由两三条黑色垂弧带加一条红色垂弧带组成，并在黑色垂弧带纹的上缘绘黑色向上的锯齿纹，构成繁复绚丽的花纹带（图十二）。半山类型中晚期出现垂弧锯齿纹，垂弧跨度较大，一件器物上一般只绘两组连续的垂弧纹，先用两三条红色带绘垂弧，在空白处填月牙形黑色垂弧带，并在黑色带的上、下缘加锯齿纹。这种构图多出现在单耳壶或高低耳壶上。马厂类型时期的垂弧纹是半山类型的延续，但不如半山类型的精细，构图比较简单、粗犷。

图十二

**7. 贝形纹**

半山类型时期出现的纹样，马厂类型时期使用较多，而且有许多创新。半山类型时期的贝形纹，一般用单一的黑色绘制单个的贝形纹，比较写实，中间用线条将贝分为两半，并用锯齿纹表现贝腹部的花纹（图十三、十四）。马厂类型时期的贝形纹有的用黑、红复彩绘制，也有的用黑色单彩。马厂类型早期的贝形纹与半山类型晚期接近，多为单个的贝形纹横向排列，

图十三 　　　　　　　图十四

但表现手法出现变化,用红色粗线绘贝的外形,内填由大到小的橄榄形黑线纹;中晚期多用单一的黑色绘制,表现手法变得简单,一般用线条勾勒轮廓,中间用竖线将贝纵分,出现成串的贝形纹,多为顺向串连,排列方式有横排、竖排和斜排几种。

**8. 神人纹**

神人纹最初出现在马家窑文化的彩陶上,延续时间很长。始见于马家窑类型中晚期,是半山类型和马厂类型彩陶上最具特征性的纹饰,也有学者把神人纹称为蛙纹。

早期的神人纹描绘比较具体,有表现人形整体的,也有只表现面部的。面部描写较细,接近人的形象。这时的神人纹多装饰在盆、钵内,如甘肃出土的人面纹彩陶盆和青海出土的舞蹈纹彩陶盆(图十五)等。

半山类型时期神人纹较为抽象,将头画成圆形,躯体和四肢用红、黑相间的带纹、折带纹表示,大多装饰于壶、罐的上腹部和盆、钵内壁。这时的神人纹,虽然比较抽象,但身体的比例协调。头部以圆圈代表,面部没有具体的五官,身体以宽带代表,四肢多以两节折带代表,向上斜伸。到半山类型晚期,神人纹出现变异,头部变大,无五官,内填各种纹饰,上下肢都向上折曲,四肢的肢端有数目不等的指爪。壶罐上的装饰手法,除了独立的神人纹外,还出现了二方连续的神人纹,围绕壶或罐的上腹一周,俯视图若一群人手拉手在聚会、歌舞(图十六、十七)。

图十五 　　　　　　图十六 　　　　　　图十七

发展到马厂类型时期，神人纹演变得更为抽象，有的仅以局部的变体纹样表现。完整的神人纹已少见，大多以各种变体形式出现，代表头部的圆圈变得更大，有的将代表头部的圆圈省略，以罐口或壶口代表，在器物的上腹部只绘肢体，下肢由两节变为三节（图十八）。到晚期头部被完全省略，四肢有的从顺向曲折演变为反向成直角曲折；有的不仅头部省略，连代表身体的宽带也被省略，演变为肢爪纹（图十九）；有的演变为三角折带纹。神人纹最后衰退演变为几何纹样（图二十）。

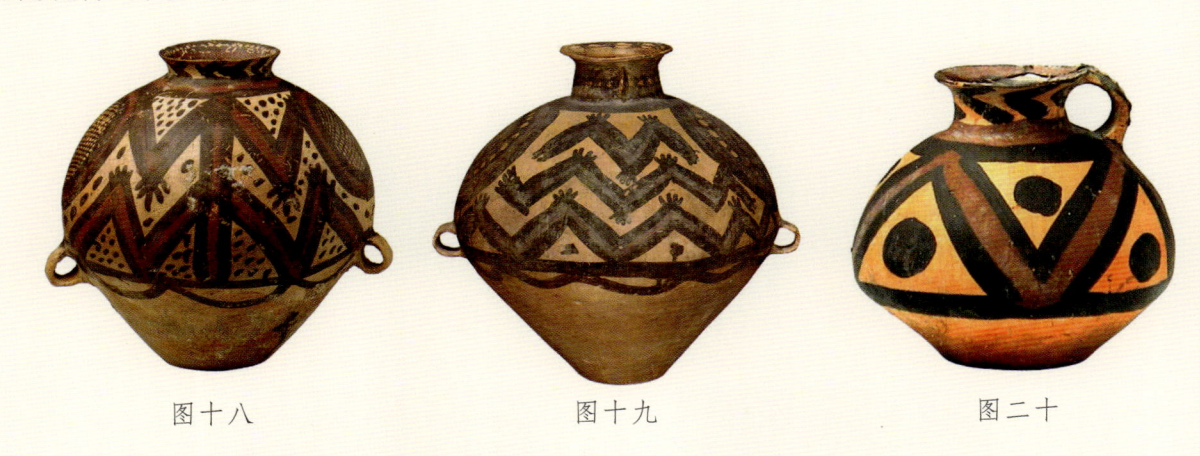

图十八　　　　　　图十九　　　　　　图二十

## 四、彩陶纹饰与自然环境

自然环境决定文化特征。西北地区作为中华民族文明的发祥地之一，是由新石器时代良好的生态环境决定的。历史上西北地区气候温暖湿润，天然植被茂盛，特别是黄土高原属于森林草原地带，极适宜人类生存。如发现于甘肃省秦安县的大地湾遗址、陕西省西安市的半坡遗址、甘肃省临洮县的马家窑文化遗存，充分展示了中华文明在西北兴盛的历史。

彩陶是氏族部落文化的产物，它与史前社会人们的生活、生存方式密切相关。从这个角度说，彩陶纹饰不仅是原始崇拜、图腾崇拜的表征，它更多的是对自然崇拜的反映。如半坡类型多鱼纹（图二一），反映出当时气候湿润，多湖泊，鱼类大量存在。人们对鱼类非常熟悉，鱼类便很自然地成为装饰艺术的题材。此外，马家窑类型多水波纹、漩纹（图二二），而

图二一 　　　　　　图二二

且遗址多位于河流两岸的二级台地上,人们生活在河流的两岸,水波纹和漩涡纹正是人们在岸边观察水流的印象,进而在彩绘艺术创作中进行的描摹与升华。

对甘肃中部黄土剖面孢粉和其他环境代用指标的分析表明,距今 4000 年前后,气候迅速干凉化。有机质、孢粉和软体动物的指标显示距今 4000 年以前,夏季风总体强盛,气候湿润,距今 4000 年后,夏季风强烈退缩,气候迅速变干。历史气候变迁呈现出寒冷期和温暖期周期性变化,并逐渐趋向寒冷。这种变化是全局性的,但对中国西北地区影响特别巨大。气候的干旱化及其引起的环境变化对史前文化的面貌造成了明显的影响,原始农业衰落,畜牧经济逐步繁盛。通过对彩陶纹饰演变的解读,我们也可看出,西北地区距今 4000 年前气候变化的趋势。

从考古发掘资料看,到四坝文化、辛店文化时,彩陶纹饰多羊纹、犬纹、鹿纹(图二三、二四),说明这个时期气候干燥、少水,畜牧业开始成为社会生活的主体性经济,人们大量畜养各类动物,对动物形象的观察与描绘,在艺术创作中占据了主导性地位。

| 图二三 | 图二四 |

马家窑文化彩陶纹饰,图案布局合理、构图巧妙,变化丰富,具有强烈的动感。先民在彩陶上绘制的这类色彩绚烂、繁丽精致的纹饰,既是对当时审美情趣的表达,也是对先民生产生活和精神世界的反映,同时也是对中国陶器文化意蕴的深刻体现。

# 甘肃彩陶鲵鱼纹刍议

湖南博物院、科技考古与文物保护利用湖南省重点实验室　申国辉

甘肃简称"陇"，位于黄河上游。甘肃是彩陶兴起最早、分布最多的区域，素有"彩陶之乡"的美称。甘肃彩陶文化是灿烂黄河古文明的重要组成部分。[①] 彩陶上的各种纹饰，源于先民对生活、自然以及自我意识的认识。鲵鱼纹及其变体花纹是甘肃地区的仰韶文化晚期和马家窑文化早期彩陶上特有的花纹。鲵鱼，俗名娃娃鱼，面部如初生婴儿，大头，有眉痕。游行时四肢向后划动，似人的泳姿，叫声如同婴儿啼哭，所以俗称娃娃鱼。这些类似人的特点，易被依水而居的早期先民视为神物，鲵鱼也因此逐渐被神化。

鲵是脊索动物门两栖纲有尾目动物，分为大鲵、小鲵两科，两科各有差异。大鲵体长60—70厘米，背面棕褐色，腹部颜色较淡，头宽阔扁平，背面长有极小的鼻孔和眼，体肥粗壮，尾巴扁长，四肢短，前肢4指，后肢5趾，趾间有微蹼；小鲵体长只有5—9厘米，背面黑色，腹部颜色较浅，整个身体具银白色斑点，头部较小，舌头很大，尾巴短而侧扁。大鲵除新疆、西藏、内蒙古、吉林、辽宁、台湾未见报道外，其余省区都有分布，主要产于长江、黄河及珠江中上游支流的山涧溪流中，一般都匿居在山溪的石隙间，洞穴位于水面以下。鲵是世界上现存最大的两栖动物，是第四纪冰川期幸存下来的"活化石"。鲵最高寿命可达130年。事实上，与化石记录相比较，大鲵在1.6亿年来的时间里作为两栖动物，身体结构没有明显的变化，因此它也被称为"活化石"动物。[②] 作为两栖动物的大鲵可以用肺呼吸，但由于肺的发育不完善，因而也像蛙类一样，需要借助湿润的皮肤来进行气体交换，辅助呼吸，所以必须生活在水中或水域的附近。

---

① 张力华：《甘肃彩陶》，重庆出版社2003年版，第1页。
② 鲵，依据中国知网、百度解释。

## 一、甘肃彩陶鲵鱼纹概述

### 1. 早期写实鲵鱼纹

甘肃出土鲵鱼纹彩陶 10 余件，器形包括瓶、壶、盘等。出土地点主要为陇东地区，属于仰韶文化石岭下类型。早期鲵鱼纹多为单独纹样，形象写实，形态逼真，头部似人脸，嘴部有须，有足，是人格化的鲵鱼形象。以甘肃省甘谷县西坪和武山县傅家门出土的两件双耳鲵鱼纹彩陶瓶为典型代表。

（1）双耳鲵鱼纹彩陶瓶（图一）

此陶瓶于 1958 年在甘谷县西坪遗址出土，高 38.4 厘米，口径 7 厘米，底径 12 厘米，泥质橙黄陶，小口、长颈、溜肩、平底，颈部有一圈堆绳纹。① 鲵鱼头似圆形人脸，长有胡须，在额部绘有"十"字纹，眉部绘有数道横纹，双眼圆睁直视前方，张嘴露齿，并在颈部绘有数道 U 形纹，左右胳膊伸出并将四指张开，身体颀长，整个身躯用网格纹表示鳞片，肢体向右折，尾部向上翘起，尾尖与头部相连，呈现"C"字形。② 鲵鱼的造型特点被活灵活现地描绘在陶瓶上，写实而具体，具有明显的早期单体具像的纹饰特征。③ 此瓶器形高大，无丝毫破损痕迹，在构图和创意上较之以往同类型彩陶瓶更为独特。

图一　双耳鲵鱼纹彩陶瓶（甘谷县）　甘肃省博物馆藏

---

① 郎树德：《彩陶》，敦煌文艺出版社 2004 年版，第 97 页。
② 张朋川：《中国彩陶图谱》，文物出版社 1990 年版，第 52 页。
③ 刘瑶：《石岭下文化"鲵鱼纹彩陶瓶"释读》，《自然与文化遗产研究》2019 年第 12 期。

（2）双耳鲵鱼纹彩陶瓶（图二、三）

此瓶出土于武山县马力镇傅家门村种谷台遗址，通高 18.7 厘米。细泥红陶，侈口、圆唇、束颈、溜肩、深斜腹、平底，腹部饰双耳。① 腹部用黑彩绘有一条肥硕的鲵鱼，鲵鱼脸部为人面，有六足，足端各有四爪，尾部上翘，身上绘有网格状鳞片，纹饰线条流利而灵动，变化丰富。② 此鲵鱼绘制次序：首先在陶器上勾勒出鲵鱼圆圆的脑袋和弯曲的身体，然后填充描绘网格纹。这反映了华夏先民由宏观到微观、先顾大局再完善细节的思维方式。这件彩陶瓶具有非常高的历史和文化价值，其图案具有原始龙的雏形，被学界认为是中华龙的起源之一。

图二　双耳鲵鱼纹彩陶瓶（武山县）

图三　双耳鲵鱼纹彩陶瓶（武山县）线图

**2．中晚期鲵鱼纹**

中晚期鲵鱼纹多线条粗壮，图像抽象，呈网形状愈加明显，鲵鱼头部异化，身体庞大有力且成复合体，同时以粗壮的线条绘制成网格状以示鳞片，四肢长且变形，似有须。尾有多条，修长呈卷状，尾尖与躯体接触。此时的鲵鱼纹兼具人、鲵鱼、龙的部分特征，具有明显的中晚期多体鲵鱼纹饰特征。

（1）变形鲵鱼纹彩陶壶（图四）

变形鲵鱼纹彩陶壶，也称为蛙纹彩陶壶。有学者认为其

图四　变形鲵鱼纹彩陶壶

---

① 郎树德：《彩陶》，敦煌文艺出版社 2004 年版，第 98 页。
② 陈元龙：《彩陶甘肃——美冠世界的彩陶之乡》，甘肃人民出版社 2023 年版，第 96 页。

纹饰是变体鲵鱼纹。此瓶于1978年秦安县大地湾遗址出土,其上鲵鱼头部涂黑,留出两空白小圆加饰圆点表示眼睛。躯体呈圆形,饰细密网格纹,四周增饰一圆,外绘四足,足尖爪变形为黑色圆点。[①] 形象逼真生动,伸展的四足恰如其分地表现出正在游动的姿态。该图案从设计到绘制纹饰,无不显露出先民超凡的智慧与功力。

（2）变体鲵鱼纹双耳彩陶瓶（图五）

此陶瓶于甘肃礼县石沟坪遗址出土,泥质橙红陶,深褐彩,瓶高43.8厘米,口径8.8厘米,底径8.8厘米。侈口平沿,长细颈圆肩,近直腹,平底,中腹两侧饰双桥形耳。黑彩,图案从上到下分为三层,上层肩部饰弧边三角纹、角形纹；中层图案位于上腹,主要纹饰为两个半圆形网格纹；下层图案位于中腹偏下,由连续的圆点涡形纹组成,最下部加饰左右分开的弧线纹。[②] 图案左右两侧边以双线分隔,而上下两端均为爪形纹和网格纹,形状类似椭圆,加上爪形纹,似为多个黑色变体鲵鱼图,是变体鲵鱼纹代表。[③]

图五 变体鲵鱼纹双耳彩陶瓶

（3）变体鲵鱼纹双耳彩陶罐（图六）

为本次展览展品,高22.5厘米,直径14厘米,天水市麦积区博物馆藏。它是以局部特征

---

① 陈元龙：《彩陶甘肃——美冠世界的彩陶之乡》,甘肃人民出版社2023年版,第116页。
② 陈元龙：《彩陶甘肃——美冠世界的彩陶之乡》,甘肃人民出版社2023年版,第96页。
③ 刘瑶：《石岭下文化"鲵鱼纹彩陶瓶"释读》,《自然与文化遗产研究》2019年第12期。

代表整体形象，表达了鲵鱼在水中游动时弯曲的体态。这是先民抽象思维能力提高的表现。

图六　变体鲵鱼纹双耳彩陶罐

## 二、鲵鱼纹的发展演变

远古先民临水而居，观看鲵鱼的视角均为俯视，无论写实还是抽象描绘都是对背部进行重点描绘。首先描绘头部、四肢到最后着重描绘鲵鱼身体背部形状，用网格纹表现。甘肃彩陶瓶上人面鲵鱼纹早期写实，到中后期作了较大的变形和加工。甘谷县出土的双耳鲵鱼纹彩陶瓶画有人面鲵鱼纹的单独纹样，人面绘有须或牙，身体窄长，向右边弯曲，身上绘的网状纹不规则地排列着，绘有两足（见图一）。武山县出土的双耳鲵鱼纹彩陶瓶，其上鲵鱼纹的图案比较概括，向几何形图案发展，并由两足演化为六足（见图二），显然是进行了神化。另一种则是由变体鲵鱼纹组成的图案，将两条变形弯曲的鲵鱼左右对称地组合在一起，而头部则简化或省略（见图五）。[1] 这种简化了的变体鲵鱼纹，成为石岭下类型彩陶特有的一种图案纹饰。不难看出，鲵鱼纹从写实的形象逐步变得抽象，也和很多两栖水生动物相融合。中晚期的变形或变体鲵鱼图案，很多专家学者也将其归为蛙纹。秦安县出土的变形鲵鱼纹彩陶壶，虽然底部残缺了，但仍能看出是将鲵鱼由中间剖分，身子对称地向左右摊开（见图四）。这种摊开式是艺术处理的结果，使头部消失。秦安县大地湾遗址还出土了一件相当于石岭下类型时期的变体鲵鱼纹深腹

---

[1] 张朋川：《中国彩陶图谱》，文物出版社1990年版，第52页。

彩陶罐，腹部绘着一对变体鲵鱼纹，头和足部都消失了，相向弯曲（图七、八）。① 而礼县出土的石岭下类型的彩陶瓶上的鲵鱼纹已成为几何形图案，消失了头部的鲵鱼纹相背地弯曲，但却保留着头部的须（见图五）。② 发展到马家窑类型，几何形的鲵鱼纹更加简化，永登出土的彩陶盆上的鲵鱼纹，头部变成圆点，身体变为弯月形（图九）③，花纹已变得抽象。

图七　变体鲵鱼纹彩陶罐　　图八　变体鲵鱼纹彩陶罐线图　　图九　变体鲵鱼纹彩陶盆

马家窑文化石岭下类型彩陶流行鲵鱼纹及变体，图案多画在彩陶器的腹部。鲵鱼头、身、尾绘于罐体上，上下两端均为爪形纹和网格纹，加上爪形纹，颇有动感。它们往往也被某些部族尊奉为神祇而具有人格化或神化的品质。因此鲵鱼纹成为石岭下类型彩陶图案中的代表花纹，进一步被神化为具有超凡的神力，并显示出由具象到抽象（图十）的发展过程。

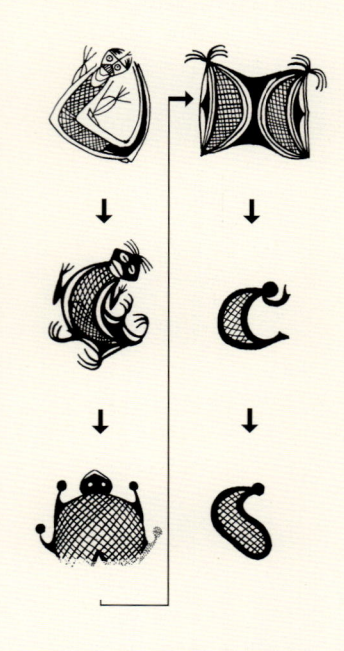

图十　鲵鱼纹演变图④

## 三、鲵鱼纹的文化内涵

### 1. 万物有灵的体现

鲵鱼其实不是鱼，而是两栖动物。远古先民分不清种属，因为鲵鱼常年生活在溪水浅滩中，

---

① 张朋川：《中国彩陶图谱》，文物出版社1990年版，第168页。
② 张朋川：《中国彩陶图谱》，文物出版社1990年版，第168页。
③ 张朋川：《中国彩陶图谱》，文物出版社1990年版，第168页。
④ 张朋川：《黄河彩陶》，浙江人民美术出版社2019年版，第57页。

所以他们称之为鱼。鲵在《康熙字典》有记载，《尔雅·释鱼》中曰：鲵大者谓之鰕。《注》：今鲵鱼似鲇，四脚，前似弥猴，后似狗。声如小儿啼。大者长七八尺。别名鰕。⑤先秦成书的《山海经》记载赤鱬、氐人、互人、人鱼、陵鱼等各种人鱼形象与鲵鱼有某些共同特征。其中《山海经·北山经》所描写的"人鱼"与鲵鱼最为吻合。无论是外形还是声音，都与现实中的鲵鱼最为接近。《山海经·北山经》载："决决之水出焉，而东流注于河。其中多人鱼，其状如鳝鱼，四足，其音如婴儿，食之无痴疾。"⑥

鲵作为两栖动物，不仅可以在水中生存，还可以在河滩上行走。鲵的生命周期比较长，叫声类似幼童，且具备多重功能，被先民尊为神物就不足为奇了。⑦甘肃彩陶上鲵鱼纹的整体造型、身体结构，均与当时实际存在的鲵鱼极为接近，是古人对实体动物的模仿，受到先民的尊崇而得到崇拜，也是早期信仰观念中"万物有灵"的生动体现。

**2．早期龙形象的图腾**

早期两件写实的鲵鱼纹彩陶瓶，其图案是我国新石器时代考古中发现最早的人首蛇身的图案之一。有学者认为，彩陶瓶上的鲵鱼纹样是"上古'龙'的一种母型"，是"中国最早的龙图"。⑧龙图是早期先民祭祀崇拜的图腾，是早期龙形象的图腾。

而关于龙的原型和真正的诱发因素，有蛇原型说、蜥蜴说、猪说、云气说、雷电说、胚胎说等，鱼说也在其中。由此可推测，龙与人鱼应属于同源异流的艺术形象，彼时先民绘于彩陶瓶上的鲵鱼纹样可以视为人鱼的原始母型。⑨

**3．人首蛇身伏羲神的崇拜**

甘肃渭河流域属于水资源充沛的地区，当时甘肃地区生态环境十分优良。5000多年前的石岭下地区及周边地区盛产大鲵，而且大鲵的攻击性较弱，生活在沟壑溪水中的鲵鱼也成为先民最好的渔猎对象，为他们提供了食物来源。同时，这一区域常常发生洪水灾害，先民对洪水充满敬畏之心又无可奈何。于是他们虔诚地期望能够有一位神灵帮助并保护他们免受暴雨雷电

---

⑤ 同文书局原版《康熙字典》，中华书局1981年版，亥集中鱼部八画。
⑥ 方韬译注：《山海经》卷三《北山经》，中华书局2009年版，第73页。
⑦ 宏忆莲，冯文博：《中国古代鲸鲵图形的演变》，《美术文献》2022年第3期，总第185期。
⑧ 殷伟，任玫：《中国鱼文化》，文物出版社2009年版，第18页。
⑨ 刘范利：《水居仙使——中国古代人鱼图像的类型探讨》，《艺术研究》2022年第5期。

的危害，而鲵鱼的形态、生活特征为先民的艺术创作提供了想象的空间。早期先民从生活出发，独具匠心地将鲵鱼作了拟人化处理。脸部器官用圆、"十"字、横线描绘，面部为一个圆圈，以横线分出额部和面部，以鼻梁为中垂线作"十"字相交，突出两只眼睛和张启的大嘴。身躯为折屈状，上身向左屈，下体向右折。一双短臂自上身两侧向外伸出，做举手摊指状。颈部画蛇腹纹，通体饰网格纹。尾部弯曲，面部的头发与鱼的尾须自然相连。整个图案呈三角形构图，简单明了。这一形态的人面鲵鱼纹，含有龙所具备的足、鳞、蛇腹纹，以及似蛇或蜥蜴等特征。先民将代表风、雨、雷、电的龙蛇与"人面"相结合，创造出兼具人情且通天意的"人首蛇身"的伏羲形象。① 双耳鲵鱼纹彩陶瓶腹部的图案（见图一）已具人首蛇身的伏羲形象之雏形。

甘肃天水一带至今有卦台山等遗存，保留了国内规模最大的伏羲庙。民间伏羲女娲信仰与传说、崇尚龙蛇的风俗等颇为浓郁。这些信息共同印证了甘肃陇东天水地区是伏羲女娲神话传说的诞生地。②

## 四、小结

图腾崇拜是人类和自然契合对应的情感自觉，体现着先民在特定历史条件下的生存智慧与生活态度。在最初的双耳鲵鱼纹彩陶瓶上，鲵鱼头被拟人化，被赋予图腾含义，而以龙或蛇为图腾的氏族遍布华夏大地。鲵鱼纹是包含人面、蛇身、双爪足的鲵鱼形象，极似"蛇"，与"人首蛇身"的伏羲形象完全一样，因此普遍认为人面鲵鱼是人格化的人首蛇身（龙身）的伏羲氏的雏形。在新石器时代早期生存条件艰难的情况下，人类对动物以及自然神灵的崇拜敬畏意识及其相关的活动构成了原始信仰的基本内容。

综上，彩陶上的人面鲵鱼纹绘画，赋予古人和今人无限美感，不仅反映了先民对周围世界的认识，还反映了他们日渐成熟的绘画技巧，表现出新石器时代匠师对现实的敏锐观察和把握最生动瞬间的造型艺术风格，为后世留下了宝贵的文化遗产。

---

① 刘瑶：《石岭下文化"鲵鱼纹彩陶瓶"释读》，《自然与文化遗产研究》2019年第12期。
② 霍志军：《渭河上游彩陶中的伏羲女娲图像及其内在含义》，《天水师范学院学报》2022年11月第42卷第5期。